BURKINA FASO
Les opportunités d'un nouveau contrat social

Facteurs et réalités de la crise

Collection « *Zoom Sur* »
N° 5

Collection « Zoom Sur »
dirigée par Pr Moustapha Kassé

Le paradoxe de cette ère de communication « globale » c'est justement le décalage perceptible entre le besoin toujours plus grand de connaissances qui résulte de cette situation et la difficulté de plus en plus aiguë pour les supports d'y faire face. Nous sommes donc devenus par la force des choses et par l'accélération subite de l'histoire, les consommateurs d'un flot ininterrompu d'informations que nous avons du mal à « digérer » faute de repères simples, fiables et efficaces. La collection « Zoom Sur » a pour ambition de combler ce vide.

Elle va s'adresser à un grand public dans un style très dépouillé avec comme seul objectif la rencontre entre le livre et son lecteur, par le biais d'une information sur mesure, collant aux aspirations profondes de l'heure et aux frémissements de notre temps. Le tout procédera d'une démarche rigoureuse sur le plan de l'analyse mais suffisamment ouverte à la réflexion féconde et susceptible de dégager des perspectives. En définitive, c'est une collection dynamique qui se propose de gérer la qualité au détriment de la quantité, l'essentiel au détriment du superflu et à moindres frais pour le lecteur.

Dernières parutions

TOUNKARA Mamadou Sy, *L'intégration réussie du nouvel employé*, collection « *Zoom Sur* », février 2012.
NDIAYE Elhadji Mounirou, *La Sonatel et le pacte libéral du Sénégal*, collection « *Zoom Sur* », février 2012.
NDIAYE Mounirou, *L'économie sénégalaise*, collection « *Zoom Sur* », décembre 2010.
KASSÉ Moustapha, *La science économique et sa méthodologie*, collection « *Zoom Sur* », octobre 2010.

Sous la direction de
Alain Édouard Traoré
(Ministre de la Communication)

BURKINA FASO
Les opportunités d'un nouveau contrat social

Facteurs et réalités de la crise

Préface de Beyon Luc Adolphe Tiao
Premier ministre du Burkina Faso

Collection « *Zoom Sur* »
N° 5

© L'HARMATTAN, 2012
5-7, rue de l'École-Polytechnique ; 75005 Paris

http://www.librairieharmattan.com
diffusion.harmattan@wanadoo.fr
harmattan1@wanadoo.fr

ISBN : 978-2-296-54907-4
EAN : 9782296549074

Dédicaces

Au peuple burkinabè, pour sa force de travail et sa capacité consciente et responsable de construire son propre devenir ;

Au sens de responsabilité des acteurs politiques et sociaux ;

À tout citoyen burkinabè.

Cet ouvrage vous est dédié, comme le récit du déroulement d'une année chaotique dont vous avez pu vaincre les dérives et forces centrifuges, afin de semer les germes d'un nouveau contrat social.

Pour l'équipe de rédaction
Alain Édouard Traoré

Remerciements

Aux membres du Gouvernement qui ont fourni les données et informations utiles pour réaliser cet ouvrage ;

À toutes les bonnes volontés qui se sont impliquées de manière multiforme à la réussite de ce document.

L'ÉQUIPE DE RÉDACTION

Cet ouvrage a été élaboré par les services du porte-parole du Gouvernement. L'équipe a été constituée de :

Alain Édouard Traoré, ministre de la Communication, porte-parole du Gouvernement ;

Adama Barro, secrétaire général du ministère de la Communication ;

Hermann Toe, chef de cabinet du ministre ;

Hamado Ouagraoua, conseiller technique du ministre ;

Soulémane Ouédraogo, conseiller technique du ministre ;

Marguerite Blegna, directrice de la Communication et de la presse ministérielle.

Avec l'appui de tout le cabinet du ministre.

Préface

Aussi loin que l'on puisse remonter dans le temps et quel que soit le peuple dont on interroge l'histoire, on observera invariablement la même réponse qui indique qu'elle s'est écrite au gré des évolutions sociopolitiques sur fond de crises mineures ou majeures, suivant des cycles plus ou moins longs. Ces crises découlent toujours d'une pluralité de facteurs d'origine interne ou externe sinon, des deux à la fois et dont la résolution requiert un sens élevé de responsabilité dans leur gestion. C'est en les regardant sans œillère et avec lucidité que l'on peut arriver à leur maîtrise.

La crise qui a secoué profondément le Burkina Faso en 2011 est la suite logique de la conjugaison des crises énergétique, alimentaire et ensuite de la crise financière mondiale dont il importe d'évaluer de façon exhaustive les causes et surtout les conséquences sur une économie sous-développée comme la nôtre. Les répercussions sur les équilibres macro-économiques ont entraîné des conséquences dramatiques aussi bien sur notre système économique que sur la situation sociale avec le renchérissement du coût de la vie. Cette dernière a entraîné une forte détérioration du pouvoir d'achat des populations et le ralentissement des activités génératrices de revenus qui a précarisé les sources des revenus et approfondi le couple pauvreté-chômage au niveau de la jeunesse. Naturellement, cette situation de par sa gravité a ébranlé sérieusement les fondements mêmes de l'ordre politique : à la fois le processus démocratique et le fonctionnement des institutions de la République.

Manifestement, il s'en est suivi des moments de désespérance chez bon nombre de citoyens confrontés à des difficultés énormes particulièrement au niveau des jeunes urbains et ruraux reliés par des problèmes transversaux dont les plus importants sont le chômage et sous-emploi, la crise du système éducatif et de la formation, la pauvreté et la déliquescence des filets de protection. Une partie de cette jeunesse vit au quotidien, la galère de la précarité et des lendemains incertains.

Les secousses et les tensions dans certains secteurs de la vie nationale, avec leur cortège de destruction massive de biens et édifices publics, ont été extrêmement coûteuses au plan social, économique et politique. Alors nous avons déployé une grande posture d'écoute de toutes les composantes sociales en révolte pour comprendre en vue de mieux agir. Il nous a fallu retisser les liens du dialogue avec tous ces acteurs en nous appuyant sur les valeurs de notre peuple, sur la force de nos institutions et selon les principes de notre démocratie que le Chef de l'État a toujours voulu participative et consensuelle.

Le choc étant contenu grâce aux vertus de la concertation, nous avons analysé sans œillère les problèmes et les différentes préoccupations en vue de leur trouver des solutions idoines. Toute crise ouvre toujours des opportunités si on en tire une claire pédagogie pour l'avenir. C'est pourquoi, il est indispensable d'ouvrir deux directions de travail : d'abord évaluer avec exactitude et en toute objectivité l'ensemble des destructions de biens individuels et collectifs, les différentes exactions et les préjudices portés aux personnes car il ne peut exister une justice qui répare sans une exhumation des faits et des preuves. Et ensuite, il faut interroger toutes nos institutions pour appréhender les dysfonctionnements et les réformes à entreprendre.

Sur ce second aspect, le Chef de l'État, reprenant l'initiative, a instruit les Assises du Conseil Consultatif sur les Réformes Politiques qui vont constituer la première réponse dont il revient de traduire les conclusions en actions gouvernementales en vue d'améliorer la gouvernance économique, politique et sociale pour davantage de justice sociale et d'égalité de chance. Ce gigantesque chantier ouvert pour ramener la paix, la concorde en faisant participer la nation entière aux réformes doit permettre à notre pays de poursuivre sa marche vers « le progrès continu en vue de la société de l'espérance » afin de redonner sens à notre destin commun.

J'encourage le Département de la Communication à poursuivre avec audace et engagement la mission que le Chef de l'État nous a confiée selon la directive largement inspirée de notre démocratie participative et consensuelle : « agir et faire savoir ». Cet ouvrage va largement dans cette direction en offrant une lecture objective des faits pour mieux situer les responsabilités et en informant sur les réponses à court et moyen terme du Gouvernement.

Beyon Luc Adolphe TIAO
Premier ministre

AVANT-PROPOS

Les facteurs d'une crise normale

Le Burkina Faso a connu en cette année 2011, une situation sociopolitique marquée par des conflits multiformes et multidimensionnels. Ces conflits ont ébranlé l'ordre social, affaibli l'autorité de l'État, créé les conditions d'une réelle insécurité, réunissant ainsi les ingrédients d'une déstructuration de l'ordre humain durable.

Pourtant au 1er janvier de l'année, rien ne présageait d'une telle déflagration de violences. En effet, cinq semaines auparavant, le peuple a renouvelé sa confiance à Blaise Compaoré pour un nouveau mandat de cinq ans à l'issue du scrutin de l'élection présidentielle du 21 novembre 2010.

En ce début d'année 2011, les traditionnels vœux animent la vie publique, institutionnelle et sociale comme à l'accoutumée. Tout semblait aller pour le mieux dans le meilleur des mondes où les Burkinabè se souhaitent réciproquement le meilleur pour l'année qui commence.

Tout au long de 2010, le Burkina Faso a commémoré cinquante années d'indépendance en revisitant son histoire à travers une série de conférences dans les treize régions et célébré dignement l'événement le 11 décembre à Bobo-Dioulasso.

Janvier 2011, le ciel politique et social du Burkina Faso semblait dégagé ou à tout le moins sans menace de nature à mettre en péril la paix sociale, la sécurité des populations et les fondements de la République.

Janvier 2011, au 21ème jour du mois, l'on apprend le décès d'un élève nommé Justin Zongo dans la ville de Koudougou.

La mort est systématiquement imputée à la police de la localité accusée d'avoir infligé des sévices corporels au défunt à l'occasion d'auditions pour une banale dispute entre adolescents.

C'est sur cette certitude que s'appuient élèves et étudiants pour appeler à des manifestations qui ont occasionné des destructions de biens publics dans plusieurs villes du pays.

Sans en prendre la juste mesure dans l'immédiat, le Burkina Faso vient d'entrer dans une grave crise sociale et politique dont les raisons se révéleront à l'occasion de manifestations successives.

Les événements violents dès le 22 janvier 2011, mêlant confusément préoccupations sociales et politiques constituent en eux-mêmes, le diagnostic de vingt années de démocratie et l'expression du futur désiré pour notre pays.

Le constat c'est que la cherté de la vie n'est plus tenable et le travailleur n'arrive plus à vivre du salaire de l'emploi auquel il se consacre au quotidien et entièrement.

Que faire dans un tel contexte ? Pour les uns, le plus simple et le plus rapide, c'est emprunter le chemin de l'affairisme pour s'en sortir. Pour les autres, c'est soit engager des démarches à titre individuel avec le secret espoir d'être satisfaits, soit réagir collectivement dans un mouvement de révolte contre l'ordre établi, et provoquer, ce faisant, une crise sociale de laquelle résulteront les réponses à toutes les préoccupations.

Le responsable des maux de la société est tout désigné sans hésitation aucune ; c'est le Gouvernement ou mieux encore, le Chef de l'État, perçu par les plus radicaux des protestataires comme celui qui donne son onction à toutes les dérives au plan de la gouvernance politique, économique et de la justice et qui par conséquent encourage sinon entretient la corruption, la gabegie et l'injustice.

Le verdict est permanent et irrévocable et chaque affaire est jugée d'avance, les « coupables » étant connus, il ne reste plus qu'à les punir à la hauteur de leur forfait et la mort de Justin Zongo ne fait pas exception à cette règle.

Cette approche facile fondée sur l'émotionnel, ne tient aucun compte des exigences démocratiques et de la loi dont l'une des considérations essentielles est la présomption d'innocence en matière de justice et l'obligation de se conformer à une procédure bien établie pour traiter de chaque affaire.

C'est précisément le respect des libertés individuelles et collectives qui a guidé le Gouvernement dans la gestion de la crise, même au pire moment où les actes posés relevaient de la délinquance, administrant ainsi la preuve éclatante que le Burkina Faso est une véritable démocratie républicaine.

La spirale de dérèglements qui a ébranlé le pays est à la fois symptomatique d'une crise de croissance, de gouvernance et de modèle ; toutes choses qui peuvent surprendre puisqu'elles surviennent juste après que le Président Compaoré a été réélu par 80,15 % des électeurs inscrits au scrutin du 21 novembre 2010 avec le soutien du parti majoritaire à l'Assemblée nationale et une coalition de sept partis rassemblés au sein de l'alliance pour la majorité présidentielle.

L'explication est à chercher dans le contexte du Burkina où les facteurs sociétaux spécifiques sont facilement assujettis par des logiques traditionnelles socio-temporelles. C'est une question de paramètres et de facteurs socio-anthropologiques et contextuels.

Pour illustrer le phénomène, il suffit de rappeler le cas français où contre toute attente, Lionel Jospin du Parti socialiste donné vainqueur de l'élection présidentielle de

2002 est supplanté par Jean Marie Le Pen du Front national à l'issue du premier tour, mais qui est finalement vaincu par Jacques Chirac au deuxième tour avec un score de 82,21%. C'est dire comment les paramètres sociétaux peuvent contraindre les logiques intellectuelles.

S'agissant de la crise, ceux qui ont espéré que ce soit la fin d'un régime, n'ont pas compris qu'il ne s'agissait que d'une évolution normale dans l'histoire des peuples.

Ceux qui ont voulu s'en saisir pour en faire une opportunité d'alternance anticonstitutionnelle ont commis une grave erreur d'appréciation et le juste retour des choses l'atteste éloquemment.

Ceux qui ont compris qu'il s'est agi de manifestations résultant d'un malaise social, se sont engagés à en faire une opportunité pour envisager de meilleures perspectives pour un mieux-être et un mieux-vivre ensemble au Burkina Faso.

L'exercice de la démocratie n'est pas sans difficultés et le mérite des acteurs d'un tel processus réside dans leur capacité à surmonter les problèmes qui surviennent et à en faire des leviers d'une plus grande destinée pour le peuple.

C'est le défi posé à notre pays et c'est ce combat qui mérite d'être mené !

Introduction

LE BURKINA FASO, PROFIL D'UN ÉTAT EN PLEINE ÉVOLUTION

Le Burkina Faso est un État sans littoral au cœur de l'Afrique de l'Ouest entre le Mali au nord, le Niger à l'est, le Bénin au sud-est, le Togo et le Ghana au sud et la Côte d'Ivoire au sud-ouest.

ÉLÉMENTS D'HISTOIRE

Ancienne colonie française, la Haute-Volta a été créée le 1er mars 1919, découpée le 5 septembre 1932 et repartie entre la Côte d'Ivoire, le Mali et le Niger. Le 4 septembre 1947, elle est reconstituée dans ses limites de 1932. Le 11 décembre 1958, la colonie de Haute-Volta devient une république, tout en demeurant membre de la communauté franco-africaine et accède à l'indépendance le 5 août 1960 avec Ouagadougou comme capitale.

La langue officielle est le français, mais de nombreuses langues nationales sont parlées dont les plus courantes sont le mooré, le dioula et le fulfulde.

Le 4 août 1984, à la faveur de la révolution démocratique et populaire, d'août 1983, le pays est rebaptisé Burkina Faso.

Burkina Faso signifie littéralement « Pays des hommes intègres » ; *Burkina* se traduisant par « intégrité, honneur » en langue mooré, et *faso*, terme emprunté à la langue dioula, signifiant « territoire, terre ou patrie ». Ses habitants sont les Burkinabè, un mot invariable dont le suffixe "*bè*" désigne l'habitant (homme ou femme) en fulfuldé, langue parlée par les Peuls.

Le choix de ce mélange fondé sur les trois principales langues et le français dans la dénomination du pays et de ses habitants traduit la volonté d'unification d'une société multi-ethnique (plus de 60 ethnies)[1].

D'une superficie de 274 000 km, le territoire du Burkina Faso est constitué de 13 régions subdivisées en 45 provinces, 350 départements, 359 communes de plein exercice dirigées par des maires élus et 8 000 villages environ.

PROCESSUS DÉMOCRATIQUE

Depuis son indépendance en août 1960, le Burkina Faso a connu plusieurs régimes politiques : État de droit et État d'exception.

À partir de 1991, le pays a renoué avec le processus démocratique, en adoptant une constitution par voie référendaire le 02 juin 1991 et en organisant sans discontinuer des élections présidentielles et législatives.

Après vingt ans de vie démocratique républicaine et constitutionnelle basée sur la séparation des pouvoirs dans le

---

[1] On utilise *Burkina*, *Faso* ou *Burkina Faso* dans les usages courants, et *Burkina Faso* dans les usages officiels. Le terme « Faso » remplace le terme « République », il est donc fautif d'utiliser "République du Burkina Faso". On parlera donc de Burkina Faso, et de président du Faso pour désigner le président de la République.

Le Burkina Faso, membre de l'Organisation des Nations unies, a été deux fois membre non permanent du Conseil de sécurité, du 1er janvier 1984 au 31 décembre 1985 et du 1er janvier 2008 au 31 décembre 2009. Il est aussi membre de l'Union africaine (UA), de l'Union économique et monétaire ouest africaine (UEMOA), de la Communauté économique des États de l'Afrique de l'Ouest (CEDEAO), de l'Organisation internationale de la Francophonie (OIF) et bien d'autres.

cadre d'un État de droit, un solide édifice institutionnel est en place :

o un pouvoir exécutif assuré par le Gouvernement,

o un pouvoir législatif assumé par une Assemblée nationale ;

o un système judiciaire dont les principaux organes en plus des cours et tribunaux sont : le Conseil d'État, la Cour des comptes, la Cour de cassation.

En outre, d'autres institutions viennent consolider l'État de droit. Ce sont :

• la Commission électorale nationale indépendante (CENI) ;

• le Médiateur du Faso ;

• le Conseil économique et social (CES) ;

• le Conseil supérieur de la communication (CSC).

La Constitution du 2 juin 1991, adoptée par référendum, a instauré un régime semi-présidentiel ouvert au multipartisme.

Le président du Faso est élu pour cinq ans lors d'un scrutin à deux tours et est rééligible une seule fois. La dernière élection présidentielle a été celle du 21 novembre 2010 qui a vu la victoire du Président Compaoré pour un nouveau mandat.

DONNÉES ESSENTIELLES

Il est bon de savoir et cela est essentiel :

- que le Burkina Faso connaît une stabilité politique et institutionnelle inégalée, fondée sur une quête permanente du dialogue social et du consensus politique ;

- que la liberté de presse est totale et sans contrainte. L'environnement institutionnel est diversifié en la matière et l'existence du pluralisme et de l'équilibre de l'information est une réalité ;

- qu'il n'y a ni prisonnier politique, ni prisonnier d'opinion dans l'histoire récente du Burkina Faso ;

- que le libéralisme économique est réel et la propriété privée est garantie par la Constitution dans un contexte macro-économique stable et durablement assaini. Depuis le début des années 90, le Gouvernement du Burkina Faso conduit une politique dynamique de réformes, dans le sens de la libéralisation de l'économie et de la promotion du secteur privé comme moteur du développement du pays. En effet, le Burkina Faso a adopté ces dernières années plus de 190 mesures de réformes pour améliorer le climat des affaires. Ces réformes ont permis des avancées significatives en matière d'amélioration du climat des affaires et ont hissé le Burkina Faso au rang des 10 meilleurs réformateurs du monde selon le rapport Doing Business 2009. Ces efforts ont également valu au pays d'obtenir le prix d'encouragement 2007 de la Banque Mondiale, pour les progrès réalisés dans la conduite des réformes pour l'amélioration du climat des affaires. La récente publication du rapport Doing business 2011 a classé le Burkina Faso au 4ème rang mondial des réformateurs les plus constants durant les cinq (5) dernières années ;

- que le Burkina Faso dispose d'un cadre législatif et réglementaire propice, novateur et particulièrement incitatif, avec une politique ferme de protection, de garantie et de promotion des investissements ;

- que le multipartisme est effectif avec plus de 160 partis politiques en 2011 ;

- que la croissance économique est d'au moins 5% sur les 5 dernières années.

La participation à la vie politique et à la gestion des affaires de l'État et de la société sont des droits reconnus à tout citoyen. La réalité de ce droit se traduit par la reconnaissance des droits civiques, des libertés syndicales et d'association et par le principe d'égal accès aux emplois publics. Les droits civiques reconnus aux citoyens tirent essentiellement leur fondement de la Constitution en ses articles 11 et 12.

Le principe du libre accès aux instances juridictionnelles et administratives et de l'égal traitement des citoyens devant les tribunaux et les autres instances administratives sont garantis par la Constitution et les textes de loi. (Cf. art 4 de la Constitution).

Dans la pratique, au plan judiciaire comme administratif, aucune distinction n'est faite entre les personnes en raison de leur appartenance religieuse et toutes les requêtes sont traitées de manière égalitaire. Toute personne qui s'estime lésée peut saisir le juge (civil, administratif, pénal), le Médiateur du Faso ou l'autorité administrative compétente.

Des potentialités inexploitées existent dans les domaines de l'agriculture, de l'agro-industrie, des mines, de l'industrie, du tourisme et des services.

Les fondamentaux sont bons. Mais d'où vient cette crise ? Quelles en sont les raisons profondes et comment les conflits ont été gérés ?

Cet ouvrage a pour vocation de fixer un ensemble de faits historiques à travers les chapitres suivants :

- Chroniques des événements de 2011 (Chap. I) ;

- Expressions citoyennes et attitudes politiques (Chap. II) ;

- Approches et gouvernance de la crise (Chapitre III) ;

- Défis et perspectives (Chapitre IV).

Chapitre Premier

Chroniques des évènements

Les événements successifs de 2011 ont surtout exprimé la situation de crise que vivait le Burkina Faso. Chaque conflit portait en soi des attentes et contribuait négativement à créer les conditions de nouveaux conflits. Ainsi, pendant toute une grande partie de l'année, la spirale dangereuse d'événements successifs souvent incontrôlés a failli rompre l'équilibre des institutions et détruire la stabilité de l'État.

Le présent chapitre refait le cheminement jour par jour.

22 février 2011 : début des manifestations de scolaires à Koudougou suite à la mort de l'élève Justin Zongo dans des circonstances troubles.

23 février 2011 : au cours de ces manifestations, le Gouvernorat de la Région du Centre-Ouest et 12 véhicules sont incendiés à Koudougou, faisant un bilan humain de deux (2) morts et de plusieurs blessés.

24 février 2011 : le mouvement de colère des scolaires gagne les localités de Poa, Kindi, Réo, Ouahigouya et Léo. Il s'en suit une fermeture des établissements scolaires et universitaires.

28 février 2011 : le Gouverneur du Centre-Ouest (Koudougou) est relevé de ses fonctions et les policiers soupçonnés d'avoir causé la mort de l'élève Justin Zongo sont mis aux arrêts.

1er mars 2011 : une équipe gouvernementale composée du ministre de l'Administration territoriale et de la Décentralisation et du ministre de la Justice Garde des Sceaux s'est rendue à Koudougou pour présenter les condoléances du Gouvernement aux familles des victimes. Par ce geste, le Gouvernement déplore ces événements malheureux, compatit à la douleur de la population et travaille à cicatriser les blessures.

4 mars 2011 : le mouvement de manifestation gagne la ville de Bobo-Dioulasso.

Le président de l'Assemblée nationale exprime sa compassion aux victimes lors de la rentrée parlementaire 2011.

8 mars 2011 : déclenchement d'une nouvelle grève de 72 heures des élèves à Koudougou. Ce mouvement se propage dans d'autres localités et les commissariats des villes de Koupéla, Pouytenga et Yako sont incendiés.

9 mars 2011 : pillages et incendies tous azimuts à Ouahigouya.

10 mars 2011 : le père du défunt, l'élève Justin ZONGO, dans une interview, appelle les manifestants au calme et à la retenue afin de permettre à la justice de faire son travail en toute sérénité.

Le Gouvernorat de la Région de l'Est, et les commissariats de Diapaga, Boussé et Gourcy sont incendiés.

11 mars 2011 : marche meeting de l'Association nationale des Étudiants du Burkina (ANEB)

Interpellation par la Gendarmerie nationale du Vice-président de l'UNDD, un parti de l'opposition.

13 mars 2011 : le président du Faso, en visite en Mauritanie, appelle la population au calme et à la retenue.

14 mars 2011 : le Gouvernement diffuse un communiqué signé par le SIG, portant fermeture des universités publiques du Burkina Faso.

15 mars 2011 : les congés scolaires sont avancés et les universités publiques sont fermées

Le CDP, le parti au pouvoir dénonce dans un communiqué de presse ceux qu'il qualifie de « forces occultes ».

17 mars 2011 : le président de l'UNDD est entendu à la gendarmerie nationale à Ouagadougou.

22 mars 2011 : première mutinerie de soldats à Ouagadougou pour demander la libération de cinq (5) de leurs camarades incarcérés à la MACO.

29 mars 2011 : réouverture des universités.

Manifestations de mutins suivies du saccage des domiciles du maire de Ouagadougou et du chef d'état-major général des Armées.

30 mars 2011 : instauration d'un couvre-feu de 19 h à 5 h du matin ;

Dans un discours radio télévisé, le président du Faso, Blaise Compaoré s'est adressé à la nation, relativement aux événements (mutineries suivies de saccage de biens de citoyens) qui secouent le pays. Il annonce des concertations avec les différentes couches socioprofessionnelles ;

Le chef de l'État reçoit en audience les chefs coutumiers et les leaders religieux pour les inviter à apporter leur contribution au retour de la paix.

31 mars 2011 : le président du Faso reçoit en audience les acteurs du monde de la justice et les soldats de toutes les garnisons du pays.

Des manifestations d'élèves à Tenkodogo suivies de casses et d'incendie d'infrastructures publiques et privées.

1er avril 2011 : poursuite des entretiens du Chef de l'État avec les officiers supérieurs de l'Armée et les autres acteurs.

2 avril 2011 : le président du Faso Blaise Compaoré reçoit les acteurs du secteur de l'éducation

Début de l'indemnisation des commerçants victimes des casses des 22-23 et 29-30 mars 2011. Malgré les contraintes budgétaires, l'État a fait de l'indemnisation des victimes l'une de ses priorités dans le but de ramener le calme dans le pays.

3 avril 2011 : levée des mesures prises dans la circulaire en date du 30 mars 2011 visant la restriction des libertés de circulation, de réunion et de manifestation, par une lettre circulaire du chef d'État-major général des armées.

9 avril 2011 : marche meeting pacifique organisée par la coalition nationale contre la vie chère pour demander « pain et justice » ;

La cour d'appel de Ouagadougou accorde la liberté provisoire aux militaires inculpés ;

Décès de l'élève Madina Bouda en France victime de balles perdues lors de la mutinerie des militaires du 22 mars ;

Les élèves de Ouagadougou observent une journée morte en la mémoire de Madina Bouda ;

Le Gouvernement présente ses condoléances à la famille de la victime.

10 avril 2011 : reprises des activités dans les palais de justice ;

Les élèves de Yako incendient le siège du CDP de ladite ville.

13 avril 2011 : Adoption en Conseil des ministres du décret portant création, attributions, composition et fonctionnement du Conseil consultatif sur les réformes politiques au Burkina Faso (CCRP). Ce décret vise à répondre à un besoin de réforme politique et institutionnelle fortement exprimé par l'ensemble de la classe politique et de la société civile.

14 au 15 avril 2011 : Manifestations des militaires du régiment de sécurité présidentielle occasionnant des casses, des pillages et la fermeture de boutiques dans la ville de Ouagadougou ;

La station radiophonique Savane FM est victime de saccage par des mutins.

15 avril 2011 : Dissolution du Gouvernement par Décret n° 2011-199/PRES/PM

Nomination au poste de chef d'état-major des forces armées nationales, le colonel-major Nabéré Honoré Traoré en remplacement du général de division, Dominique Djendjéré ;

Nomination du colonel Boureima Kere au commandement du Régiment de la sécurité présidentielle en remplacement du Colonel Omer Bationo ;

Les gérants de stations d'essence ferment leurs boutiques par crainte de pillages.

Les commerçants de la ville de Ouagadougou manifestent leur ras-le-bol suite aux casses occasionnées par les mutineries et s'en prennent au siège du CDP et à l'Assemblée nationale.

16 avril 2011 : Incendie du siège de l'Union pour la renaissance/Parti sankariste (UNIR/PS) à Ouagadougou.

17 au 18 avril 2011 : Des militaires armés créent la panique à Kaya sans se livrer à des actes de vandalisme.

18 avril 2011 : Manifestations d'élèves et d'étudiants à Koudougou, le siège du CDP et des domiciles de cadres du parti sont incendiés et détruits ;

Nomination de Beyon Luc Adolphe Tiao au poste de Premier ministre ;

Manifestations scolaires dans la commune de Yako ;

Les secrétaires généraux de quatre (04) ministères rencontrent les commerçants victimes de pillages des militaires.

21 avril 2011 : Nomination des membres du nouveau gouvernement.

25 avril 2011 : Passation de service à la Primature entre Tertius Zongo et Beyon Luc Adolphe Tiao.

26 avril 2011 : Visites de courtoisie du Premier ministre à des responsables coutumiers et religieux ;

Dans un communiqué, la Société nationale d'électricité du Burkina (SONABEL) annonce la suspension des pénalités de retard jusqu'en fin juin et la fin des délestages dans la ville de Ouagadougou.

27 avril 2011 : Les commerçants de Koudougou protestent contre la fermeture de boutiques ;

Conférence de presse du Premier ministre, dans la salle de conférence du ministère des Affaires étrangères et de la Coopération régionale ;

Le Premier ministre poursuit ses concertations avec les couches socioprofessionnelles et des responsables de partis politiques en vue de ramener la paix au Burkina ;

Les cotonculteurs mécontents manifestent à Bobo-Dioulasso pour revendiquer la fixation du prix du coton graine à 500 F le kilogramme, la baisse du prix d'engrais à 15 000 F par kilogramme et des réformes à la direction générale de la SOFITEX ;

Dans la nuit du mercredi 27 au jeudi 28 avril 2011, mutinerie au camp de la Compagnie républicaine de sécurité (CRS) et dans des casernes de certaines grandes villes du pays.

28 avril 2011 : Manifestation d'éléments de la police nationale et de la Compagnie républicaine de sécurité (CRS) de Bobo-Dioulasso dans la nuit du mercredi au jeudi 28 avril 2011 ;

Concertations entre les policiers mutins et les Autorités ;

Point de presse du Premier ministre qui annonce une batterie de mesures en vue d'apaiser le climat social. Ces mesures portent notamment sur la suppression de la Taxe de développement communal (TDC), le rabattement de 10% de l'impôt unique sur les traitements et salaires (IUTS) et l'annulation des nouveaux tarifs des actes médicaux, la suspension des opérations de lotissements dans les communes du Burkina.

29 avril 2011 : Échanges d'informations sur la crise entre le ministre des Affaires étrangères et de la Coopération régionale et les partenaires techniques et financiers représentés au Burkina ;

Le président du Faso reçoit au palais de Kosyam, 380 militaires représentant les différentes catégories des Forces armées pour donner des réponses à leurs différentes sollicitations exprimées lors d'une précédente rencontre et sur lesquelles reposaient les mouvements d'humeur de la troupe ;

Les lycéens de Manga manifestent pour exprimer leur mécontentement suite à la blessure par balle d'une élève de CM1 dans la nuit du mercredi 27 avril 2011.

30 avril 2011 : Le meeting initié par 34 partis politiques de l'opposition se solde par une faible mobilisation. Quelques centaines de personnes étaient à la Place de la nation ;

Marche pacifique de la population de la commune rurale de Ziou, dans la province du Nahouri dans la Région du Centre-Sud ;

Le gouvernement entreprend une nouvelle démarche d'information directe et en temps réel à travers un point de presse hebdomadaire.

1er mai 2011 : Les travailleurs du Burkina commémorent pacifiquement la traditionnelle fête du Travail sans marche pour éviter que des personnes incontrôlées se servent de leur manifestation pour créer le désordre.

2 mai 2011 : Publication d'un message de paix et de cohésion du Cercle de solidarité et d'intégration des Burkinabè de la diaspora (CESOI/BD) sur la situation nationale.

3 mai 2011 : cérémonie de démantèlement des Services de sécurité des universités (SSU) à Ouagadougou par le ministre en charge de la sécurité.

4 mai 2011 : Publication d'un message de la FEDAP-BC (Fédération associative pour la paix et le progrès avec Blaise Compaoré) sur la situation nationale. La FEDAP-BC soutient et encourage les actions du nouveau gouvernement ;

Manifestations d'élèves à Ouahigouya : le siège du CDP échappe à une nouvelle mise à sac.

6 mai 2011 : le ministre de l'Administration territoriale, de la décentralisation et de la sécurité, en sa qualité d'autorité de tutelle des collectivités territoriale et après audition du maire de l'arrondissement de Boulmiougou suite à des problèmes de lotissement, procède à sa suspension ;

Le ministre des Enseignements secondaire et supérieur rencontre les partenaires de l'Éducation de la Région du Centre (Ouagadougou). Cette rencontre entre dans le cadre des concertations tous azimuts entreprises par le ministre pour sauver l'année scolaire et universitaire.

9 mai 2011 : Déclaration du Congrès pour la démocratie et le progrès (CDP) sur la situation nationale. Le CDP soutient et apprécie les mesures prises par le Gouvernement et invite à un élan commun de solidarité républicaine ;

Entrée en vigueur des mesures prises par le Gouvernement, il s'agit de la baisse des prix des produits de grande consommation.

10 mai 2011 : le Premier ministre, Luc Adolphe Tiao, rencontre les Partenaires techniques et financiers (PTF) du Burkina Faso.

11 mai 2011 : nomination de nouveaux directeurs généraux (DG) des sociétés d'État. Sont concernés : la LONAB, la SONAPOST, la SONABEL.

12 mai 2011 : rencontre du Premier ministre avec les forces vives et les différentes composantes de la Région du Centre-Ouest, à travers une série de concertations sectorielles.

14 mai 2011 : marche des femmes sur l'ensemble du territoire pour demander la paix au Burkina Faso ;

Nouvelle mutinerie de militaires à Pô pour revendiquer des primes.

16 mai 2011 : levée intégrale du deuxième couvre-feu instauré depuis le 15 avril 2011.

17 mai 2011 : des affrontements suite à un conflit foncier font deux (02) morts et plusieurs blessés à Solenzo, chef-lieu de la province des Banwa dans la Boucle du Mouhoun.

19 mai 2011 : tenue d'un Conseil supérieur extraordinaire de la Magistrature présidé par le président du Faso. Les magistrats du Burkina Faso et tous les acteurs du monde de la justice ont souhaité un conseil élargi depuis les casses perpétrées dans l'enceinte du Palais de justice de Ouagadougou puis dans d'autres palais de justice à travers tout le pays.

20, 21 et 22 mai 2011 : tournées d'équipes gouvernementales dans les treize (13) régions du Burkina pour porter l'information sur son l'action du Gouvernement en rapport avec la crise et pour recueillir les préoccupations des populations en vue d'envisager des actions de sortie de crise.

23 mai 2011 : grèves des enseignants du secondaire : des élèves soutiennent le mouvement et s'attaquent aux locaux du ministère de l'Éducation nationale.

23 au 24 mai 2011 : manifestations de militaires de la garde nationale par des coups de feu en l'air ;

Les militants du Syndicat national des enseignants du secondaire et supérieur (SNESS) et du Syndicat national des travailleurs de l'éducation de base (SYNATEB) entament un sit-in illimité à Houndé, Koudougou et Ouahigouya ;

Koubri : des populations manifestent contre le maire.

24 mai 2011 : des élèves vandalisent le siège du CDP et le pied-à-terre du chef de l'État à Gaoua ;

Le Premier ministre rencontre les acteurs de l'Éducation (enseignants et syndicats). Ils se félicitent des avancées enregistrées ;

Des demandeurs de parcelles de la zone non lotie du quartier Sarfalao du secteur 17 de la ville de Bobo-Dioulasso remettent une déclaration au gouverneur de la Région des Hauts-Bassins dans laquelle ils dénoncent des conseillers municipaux qu'ils accusent de mener des lotissements contre la décision du Gouvernement.

25 mai 2011 : las de voir des collègues travailler pendant la grève du 23 et 24 mai, des militants du Syndicat national des travailleurs de l'éducation de base (**SYNATEB**) ont contraint les administrations scolaires et les écoles de la commune de Dédougou à la fermeture. De même, des copies d'examen blanc ont été déchirées et brûlées par les manifestants ;

Marche des élèves et professeurs sur la direction régionale du MESS à Ouahigouya.

26 mai 2011 : marche de protestation des déguerpis de Saaba touchés par le tracé de la voie Saaba-Ouaga et ils exigent en contrepartie des parcelles ;

La police municipale assiège la mairie de Dédougou pour exiger le payement des avancements de 2008 et 2010 et le rappel de l'augmentation de 5% sur les salaires.

27 mai 2011 : le Premier ministre met en garde des entreprises en cas de non-respect des délais de cahiers des charges, après une visite des chantiers sur l'axe Ouaga-Sakoinsé et Yéguérésso-Diébougou.

29 au 30 mai 2011 : Manifestations de militaires dans les localités de Tenkodogo, Dori, Garango, Dédougou et Kaya. Les mutins réclament des indemnités de logement.

31 mai au 1er juin 2011 : Manifestations de militaires à Bobo-Dioulasso. Outre les tirs en l'air, ils se sont livrés à des actes de pillage, de saccage et de viol ;

Le Gouverneur décrète un couvre-feu de 18 h à 6 h pour sécuriser la ville ;

Le Syndicat autonome des magistrats burkinabè (SAMAB) publie un trimestriel dénommé « La Plume du Palais ».

1er juin 2011 : adoption en Conseil des ministres d'un décret portant suppression du service de sécurité des universités institué le 17 décembre 2008.

2 juin 2011 : manifestations de commerçants à Bobo-Dioulasso suite au pillage de leur commerce par les militaires mutins. Ils s'en prennent à la mairie centrale qui a été saccagée à cette occasion.

3 juin 2011 : les Forces armées nationales interviennent de manière forte au camp Ouezzin Coulibaly, mettent fin à la mutinerie des militaires à Bobo-Dioulasso et réinstaurent l'autorité de l'État.

4 juin 2011 : un panel est organisé à l'Université de Ouagadougou à l'initiative du Mouvement des intellectuels du Manifeste pour la liberté et le Mouvement burkinabè des droits de l'homme et des peuples (MBDHP) pour un diagnostic profond des causes de la crise.

6 juin 2011 : grève des travailleurs de la SN-SOSUCO pour protester contre une nouvelle grille salariale.

7 juin 2011 : rencontre de S. E. M. le Premier ministre, avec les partenaires techniques et financiers du Burkina Faso au sujet de la Stratégie de croissance accélérée et de développement durable (SCADD) et du Programme d'actions du Gouvernement pour l'émergence et le développement durable (PAGEDD).

8 juin 2011 : adoption en Conseil des ministres d'un rapport relatif à un décret portant création, attributions, composition et fonctionnement d'un cadre de concertation des organes de contrôle de l'État ;

Ce cadre est composé de l'Autorité supérieure du contrôle d'État (ASCE), l'Inspection générale des finances (IGF), l'Inspection technique des services des ministères (ITS) et la Direction générale du contrôle financier (DGCF) ;

Adoption d'un rapport relatif à l'examen des revendications à caractère social en instance dans les départements ministériels autres que celles contenues dans les cahiers de doléances des centrales syndicales. Ces revendications concernent la gouvernance, les indemnités et salaires, l'amélioration des conditions de travail, la carrière et le statut des personnels ;

Au regard de l'importance de la question, le conseil a décidé de l'organisation d'un séminaire gouvernemental autour de l'ensemble des revendications sociales en intégrant celle du cadre de concertation gouvernement/syndicats et la plateforme revendicative du 1er mai 2011 ;

Nomination de nouveaux gouverneurs de régions, dix (10) gouverneurs sur les treize (13) que compte le Burkina sont remplacés.

9 juin 2011 : organisation d'un meeting à la place de la mairie centrale de Bobo-Dioulasso pour exprimer la reconnaissance de la population au gouvernement suite à l'opération menée par les Forces armées nationales pour mettre fin à la mutinerie de certains éléments de la garnison militaire de ladite ville.

10 juin 2011 : les commerçants de Ouagadougou soutiennent l'action du Gouvernement à travers un meeting de soutien et de reconnaissance au président du Faso pour les actions entreprises en vue de restaurer la paix.

13 juin 2011 : *sit-in* au ministère de l'Économie et des Finances à propos des fonds communs : les agents menacent de geler les salaires à la fin du mois.

14 juin 2011 : dans un communiqué rendu public, le Gouvernement rappelle que les marches, *sit-in* et autres manifestations sur la voie publique sont autorisés, mais doivent s'exercer conformément aux lois et règlements en vigueur.

14 au 17 juin 2011 : tenue de la 9ème session des assises criminelles de la Cour d'appel de Ouagadougou : 15 présumés coupables de détournement de deniers publics répondent de leurs actes qui ont coûté environ 400 millions de F CFA aux contribuables burkinabè.

15 juin 2011 : après une analyse de la situation nationale, le Conseil des ministres décide de surseoir à la célébration festive du 11 décembre 2011. Toutefois, certaines infrastructures prévues dans ce cadre seront réalisées ;

Les populations de Balkuy marchent sur la mairie de Bogodogo suite au lotissement du Golf club.

17 juin 2011 : marche des travailleurs de la SN- SOSUCO organisée par la Coalition régionale des Cascades de lutte contre la vie chère, la fraude, l'impunité et pour les libertés afin de protester contre l'application de certaines mesures.

20 juin 2011 : *sit-in* des artisans du Village artisanal de Ouagadougou (VAO) pour marquer leur désapprobation au recrutement d'un nouveau gestionnaire.

21 juin 2011 : grève du Syndicat national des agents techniques ouvriers et de soutien des universités publiques du Burkina (SYNATOSUS) dans les Universités publiques du Burkina, pour réclamer l'amélioration de leurs conditions de vie et de travail.

22 juin 2011 : refus d'une partie de l'opposition dirigée par maître Bénéwendé S. Sankara, président de l'UNIR/PS et chef de file de l'opposition politique au

Burkina Faso, de prendre part au Conseil consultatif sur les réformes politiques (CCRP).

25 juin 2011 : participation de Ypéné Djibrill Bassolet, ministre des Affaires étrangères à l'émission "Afrique Presse" de RFI et de TV5, consacrée à la gouvernance du président Blaise Compaoré, ses atouts et ses insuffisances.

28 au 30 juin 2011 : *sit-in* des agents de la Direction générale des Impôts (DGI) pour réclamer de meilleures conditions de travail.

2 juillet 2011 : assemblée générale extraordinaire du bureau régional du Centre de la Fédération associative pour la paix et le progrès avec Blaise Compaoré (FEDAP-BC). Cette rencontre avait pour but de démentir la rumeur selon laquelle la FEDAP-BC aurait succombé aux effets de la crise nationale que traverse le Burkina ;

Grève des travailleurs des boulangeries Wend-Konta. Des travailleurs en grève ont décidé d'assiéger les locaux afin d'empêcher les non-grévistes d'y travailler.

5 juillet 2011 : cinquième session du dialogue politique Burkina Faso-Union européenne, conformément à l'article 8 de l'accord de partenariat ACP-UE. La situation sociopolitique qu'a traversée le pays, les réformes en cours et les maux qui minent la démocratie étaient au menu des échanges ;

Huit (08) millions d'euros, soit plus de 5 milliards de F CFA, c'est la somme que l'Union européenne (UE) a décidé d'allouer au Burkina Faso pour réformer la Justice et la sécurité.

6 juillet 2011 : nouveau *sit-in* des agents des impôts après celui des 28, 29, et 30 juin dernier. Une manifestation qui, selon les premiers responsables du Syndicat national des agents des impôts et des domaines

(SNAID), se poursuivra jusqu'à satisfaction de leurs revendications.

7 juillet 2011 : le chef suprême des Armées, le président Blaise Compaoré, décide de la radiation de 566 militaires de l'armée, dont 217 déférés à la Maison d'arrêt et de correction de Ouagadougou (MACO) ainsi qu'à la Maison d'arrêt et de correction des armées (MACA), suite aux mutineries qui ont douloureusement secoué le Burkina Faso.

9 juillet 2011 : 46e session ordinaire du Bureau politique national du Congrès pour la démocratie et le progrès (CDP), parti au pouvoir avec pour point central, l'actualité nationale ;

Les travailleurs de la Banque régionale de solidarité (BRS-Burkina) annoncent une grève de 24 heures sur toute l'étendue du territoire pour exiger l'application du budget 2011, relatif aux conditions de rémunération du personnel, adopté par le Conseil d'administration, avec effet rétroactif à compter du 1er janvier 2011, et le reversement du trop-perçu d'IUTS payé par les agents sur les parts employeurs de la (CRRAE) avant juin 2010 ;

Conférence de presse animée par le chef d'état-major général des Armées, le Général Honoré Traoré, pour informer l'opinion nationale sur les mutineries, leur coût et leurs conséquences.

16 juillet 2011 : assemblée générale nationale de la Fédération associative pour la paix et le progrès avec Blaise Compaoré (FEDAP-BC). Cette rencontre avait pour but de faire l'économie sur le processus de résolution de la crise nationale, les grandes décisions du Gouvernement ainsi que les grandes conclusions du Conseil consultatif sur les réformes politiques (CCRP).

24 juillet 2011 : affrontement entre partisans des deux chefs protagonistes du village de Boulkon, commune de Arbollé dans le Passoré occasionnant des blessés et des incendies.

26 au 27 juillet : la tombe du président Thomas SANKARA est vandalisée. La partie supérieure de la tombe, celle sur laquelle est écrite l'épitaphe, a été démolie. Le ministre de la Communication porte-parole du Gouvernement condamne et acte et exprime la volonté du Gouvernement à retrouver les coupables.

29 juillet 2011 : marche de protestation des commerçants de Dédougou, qui se disent étouffés par les prélèvements fiscaux ;

3 août 2011 : fixation du prix du sucre en morceaux à 800 F CFA par le Gouvernement.

4 au 5 août 2011 : Séminaire gouvernemental à Koudougou : ordre du jour, examen par le Gouvernement des préoccupations sociales.

11 août 2011 : conférence de presse de la Fédération syndicale des commerçants du Burkina pour donner sa position sur le terrain bâti racheté par IAB à la BICIA-B.

16 août 2011 : environ 300 à 400 jeunes commerçants munis de marqueurs et de peintures entreprennent de parceller les espaces vides du grand marché Rood-Woko en vue de les attribuer à des requérants.

17 août 2011 : le ministre de la Fonction publique, du travail et de la sécurité sociale, Soungalo Ouattara rencontre les directeurs des ressources humaines, les directeurs de l'administration et des finances des différents ministères en vue de faire l'état de l'avancement des fonctionnaires. À cette date, 90% des dossiers ont été traités.

23 août 2011 : verdict du « procès Justin Zongo » : les assistants de police Bélibi Nébié et Bèma Fayama écopent de dix (10) ans d'emprisonnement ferme chacun et l'officier de police Roger Narcisse Kaboré se voit infliger huit (8) ans de prison ferme.

31 août 2011 : le président du Faso, chef suprême des armées a pris de nouveaux décrets, portant réorganisation de l'armée. Cette réorganisation concerne la création de 3 régiments (décret n° 2011-597/PRES, n°2011-601/PRES, n°2011- 604/PRES), la dissolution de 5 régiments (n°2011-598 PRES, n°2011-599/PRES, n°2011-602/PRES, n°2011- 603/PRES, n°2011-605) et la délocalisation d'un régiment (n°2011-600/PRES). À cela s'ajoute les décrets portant nomination des chefs d'unités. Dissolution de l'armée nationale et création de régiments par Blaise Compaoré.

1er septembre 2011 : décès d'une parturiente, Sita Traoré, à la maternité Sylla Sanou au secteur 21 de Bobo-Dioulasso. Les investigations ont révélé une négligence manifeste de la part des agents chargés de la garde qui n'ont pas apporté l'assistance requise à la parturiente ;

Incendie de la Maternité Sylla Sanou du secteur 21 de Bobo-Dioulasso par la population en colère suite au décès de Sita Traoré.

6 septembre 2011 : suspension des travaux du chantier de Pinsapo Gold par les populations. « Nous ne voulons plus entendre le vrombissement d'une seule machine dans votre chantier. » Selon les populations, les promesses faites par ladite société ne semblent pas se concrétiser et visiblement les risques liés à l'utilisation du cyanure sont réels et imminents.

7 septembre 2011 : le Conseil des ministres prononce la révocation de la Fonction publique pour faute lourde

professionnelle avec poursuites judiciaires de Salimata Bahan/Tankoano, Mle 46 536 E, accoucheuse auxiliaire et de Zénabou Ouattara/Yoni, Mle 49 730 H, agent itinérant de santé, conformément aux dispositions des articles 138, 147 et 161 de la loi n°013/98/AN du 28 avril 1998 portant régime juridique applicable aux emplois et aux agents de la Fonction publique.

10 septembre 2011 : les commerçants, à travers la voix de leurs syndicats, décident de lancer une opération « ville morte » à Ouagadougou le 22 septembre, en soutien à El Hadj Sayouba Sanfo, qu'ils estiment être une victime injuste de la BICIA-B qui a mis à la vente son immeuble hypothéqué en garantie d'un prêt.

13 au 14 septembre 2011 : incendie des installations de Pinsapo Gold dans la commune de Yako, par les populations riveraines. Pour elle, la présence de la police est une manière d'imposer Pinsapo Gold dans leur environnement. Cette détérioration du climat entre l'exploitant et les populations est due au faite que les manifestants avaient radicalement évité la rencontre de concertation qui s'est tenue le lundi 13 septembre sous l'égide du haut-commissaire du Passoré.

14 septembre 2011 : le procureur du Faso près le Tribunal de grande instance (TGI) de Ouagadougou, Placide Nikiema révèle que le profanateur de la tombe de Thomas Sankara est un malade mental.

15 septembre 2011 : une délégation de l'autorité administrative régionale conduite par le secrétaire général (SG) de la Région du Nord a rencontré les populations du village de Pelegtanga suite aux échauffourées de la matinée du 14 septembre 2011 qui a occasionné l'incendie des installations.

20 septembre 2011 : la police annonce la mise aux arrêts de dix-huit (18) personnes dont quatre (4) sont considérées comme étant les meneurs de la manifestation des populations de Pelegtanga qui a entraîné la destruction des installations de la société Pinsapo Gold SA.

21 septembre 2011 : le Conseil des ministres procède à la nomination d'administrateurs civils aux postes de préfets de département. Ces nominations font preuves de meilleure gouvernance en ce sens qu'elle porte des professionnels à ces postes. Les enseignants qui étaient nommés préfets sont remis à leur ministère d'origine pour combler de déficit d'enseignant.

26 septembre 2011 : une partie de l'opposition appelle au boycott des assises consacrées aux réformes politiques lors d'une conférence de presse.

11 octobre 2011 : cérémonie d'ouverture d'un séminaire de formation civique au profit des officiers et des sous-officiers militaires et paramilitaires de la garnison de Ouagadougou initiée par le ministère de la Défense nationale et des Anciens combattants, en collaboration avec la Fondation Konrad Adenauer.

13 octobre 2011 : discours sur l'état de la Nation devant l'Assemblée nationale ;

Le Premier ministre, son Excellence Beyon Luc Adolphe Tiao sacrifie à la tradition en présentant la situation de la Nation aux députés. Cette adresse aux citoyens, à travers la représentation nationale, trouve son fondement juridique dans la Constitution en son article 109 qui stipule que « […] Le Premier ministre expose directement aux députés la situation de la Nation lors de l'ouverture de la première session de l'Assemblée. Cet exposé est suivi de débats, mais ne donne lieu à aucun vote ». En raison de la crise sociale qu'a connue le Burkina Faso en début d'année 2011, le discours sur la situation de la Nation n'a pas pu être prononcé à la date prévue. Le Premier ministre s'emploie donc à régulariser cette obligation constitutionnelle, qui lui donne l'occasion de passer à la loupe les grandes actions menées par l'exécutif au cours de l'année écoulée.

20 octobre 2011 : discours de politique générale du Premier ministre, Luc Adolphe Tiao. Ce discours change la gouvernance et noue un nouveau contrat social fondé sur une meilleure gouvernance et une meilleure justice sociale.

Le Premier ministre annonce au cours de ce discours les grandes actions futures de son gouvernement dans tous les domaines de développement avec pour objectif de faire émerger le Burkina Faso d'ici à 2015. Ces actions s'inscrivent dans le programme politique du président du Faso.

21 octobre 2011 : le Tribunal correctionnel de Bobo-Dioulasso rend dans l'Affaire Sita Traoré son jugement. Les sanctions suivantes sont prononcées à l'encontre des inculpées :

- six mois de prison ferme et trois millions d'amende pour Salimata Bahan ;

- six mois de prison avec sursis et trois millions d'amende pour Zeinabou Ouattara.

29 novembre 2011 : signature de l'accord 2011 du dialogue Gouvernement/syndicat. Le Gouvernement a pris des engagements dont une augmentation générale des salaires et pensions de 5% pour tous les agents de la Fonction publique pour compter de janvier 2012 et une extension des indemnités de sujétion et de logement à tous les fonctionnaires.

CHAPITRE II

EXPRESSIONS CITOYENNES ET ATTITUDES POLITIQUES FACE À LA CRISE

Toute démocratie est régulièrement traversée par des manifestations revendicatives des différents corps de la société. Ces revendications peuvent être d'ordre spécifique, syndical, politique ou social ou une combinaison de toutes ces dimensions à la fois.

Durant le premier semestre de l'année 2011, le Burkina a connu toutes ces formes de revendications. Ce ne sont pas, loin de là, les premières que ce pays ait connues au cours de son histoire récente. Le caractère plurisectoriel, la durée, l'étendue, l'ampleur et les impacts se conjuguent pour imprimer à la crise de 2011 sa spécificité, son caractère inédit.

Comment chacun des groupes d'acteurs, qu'il s'agisse des militaires et paramilitaires, des acteurs politiques, ou de la société civile est intervenu ou, a animé la crise et quels sont les principaux impacts enregistrés après cent jours de troubles ? Ce chapitre tente de donner un début de réponse à cette double interrogation.

I. ÉLÈVES, ÉTUDIANTS ET EXIGENCE DE JUSTICE ET VÉRITÉ

22 février, 22 mars 2011, un mois, jour pour jour, les élèves et les étudiants, ont tenu tout le pays en haleine ; par des marches, des meetings, des casses, des incendies d'édifices publics, de commissariats, d'affrontements parfois mortels

avec les forces de sécurité (deux morts, dont un policier et un élève à Poa le 24 février).

Tout débute le mardi 22 février 2011, suite au décès de l'élève Justin Zongo de la classe de 3ème de l'établissement dénommé « Kaboré Guesta » de la ville de Koudougou, les élèves et étudiants se mettent en grève pour 72 heures et organisent une marche à travers la ville. Leurs objectifs :

- protester contre la mort de leur collègue ;

- contester la version des causes du décès donnée par les autorités administratives et médicales locales ;

- exiger vérité et justice pour le défunt.

Le lendemain, les élèves et les étudiants décident de marcher sur le Gouvernorat pour y transmettre un message. Le maintien d'ordre s'organise, mais, très vite, les autorités administratives et politiques locales sont débordées. La ville est en ébullition. La marche des élèves et étudiants, annoncée « pacifique », dégénère.

Les forces de sécurité, notamment la représentation régionale de la police nationale constitue une cible privilégiée des manifestants. Ensuite, c'est le Gouvernorat, puis les commerces qui subissent le déferlement des manifestants dont les rangs se grossissent d'autres acteurs issus des milieux non scolaires ou universitaires. Tout le pays est informé des événements de Koudougou. Le malaise se généralise dans le monde scolaire et universitaire du pays.

Le mouvement gagne progressivement plusieurs autres localités. Les villes de Poa, Kindi, Réo, Ouahigouya, Léo…, connaissent aussi des marches, meetings, casses et incendies. À l'exception de Koudougou, dans les autres foyers de marches, les manifestants ne s'attaquent pas, dans un premier temps, aux domiciles, aux biens privés et publics. Cependant, la tache d'huile touche chaque jour de nouvelles localités qui veulent marquer leur solidarité avec les collègues de Koudougou. Le nombre de localités en mouvement augmente.

Ainsi, le 04 mars 2011, c'est la ville de Bobo-Dioulasso qui bouge. Les 08, 09 et 10 mars, Koudougou lance une nouvelle grève de soixante-douze heures. À Koupéla, Pouytenga et Yako, les élèves marchent pour réclamer vérité et justice pour Justin Zongo.

Dans toutes ces villes, les commissariats de police sont incendiés. Les dérapages, notamment les atteintes aux biens publics sont enregistrées un peu partout. Le Gouvernorat de l'Est, les commissariats de police de Diapaga, Gourcy, Boussé sont la proie des flammes.

Le 11 mars 2011, l'Association nationale des étudiants du Burkina (ANEB) épice le climat par une marche suivie d'un meeting à Ouagadougou. Objectif, remettre un message à la Direction générale de la police nationale. Les forces de sécurité freinent la progression de la marche vers la Primature et dispersent les étudiants. Une journée de courses poursuites dans les rues de la capitale s'engage entre étudiants et policiers. Le message ne parviendra jamais à son destinataire ; et pour cause, l'itinéraire demandé par l'ANEB pour cette marche ne lui avait pas été accordé par l'autorité municipale.

Grâce au réaménagement du calendrier scolaire, à la fermeture des écoles et des universités publiques, on observe deux semaines de suspension de fait des manifestations scolaires dans tout le pays. Il faut attendre la reprise des cours le 29 mars 2011 pour que les élèves et étudiants reprennent du poil de la bête. C'est le cas à Tenkodogo, le 31 mars, où, des infrastructures publiques et privées sont saccagées par les élèves en colère. On en enregistre aussi dans d'autres localités, comme l'incendie du siège du CDP à Yako le 10 avril par les élèves pour demander vérité et justice pour Justin

L. Zongo et la destruction d'une liste de leurs responsables qui encourent d'éventuelles sanctions.

L'accalmie est de retour ; une accalmie essaimée de relents de manifestations de scolaires le 18 avril à Yako et à Koudougou, avec destruction du siège du CDP et des domiciles de privés dont celui du maire.

Ces manifestations perlées de scolaires vont connaître un reflux progressif puis se nourrir d'une autre motivation avec le déclenchement des grèves des enseignants ; d'abord ceux du primaire puis de ceux du secondaire, à l'approche de leurs examens respectifs : Certificat d'études du primaire (CEP) et Brevet d'études du premier cycle (BEPC). Ces dernières manifestations venaient en soutien aux enseignants pour réclamer leur retour dans les salles de cours afin que les examens puissent se tenir pour sauver l'année scolaire.

Les négociations entre les différentes parties, Gouvernement et Syndicats, parviennent à un consensus qui satisfait tout le monde et garantit une bonne issue de cette autre épreuve. Fin de l'épisode scolaire de la crise 2011, avec la reprise effective des cours à et la tenue des examens dans tous les ordres d'enseignement.

II. MUTINERIES DES HOMMES EN ARMES

Déjà en 2006, 2008 et 2009 des anciens militaires et des militaires en activité sont sortis de leurs casernes à Ouagadougou, notamment du Camp Guillaume Ouédraogo, pour revendiquer le paiement de primes et indemnités ou la reconstitution de leur carrière, etc.

Ces manifestations se sont souvent déroulées dans les règles républicaines, sans effusion de sang, sans trouble grave à l'ordre public, sans une atteinte quelconque aux biens publics et privés, sans une déstabilisation des institutions républicaines.

Malheureusement, ce n'est pas le cas cette année. Les mutineries de 2011 vont toucher pratiquement toutes les régions militaires et toutes les casernes. Elles se sont étalées sur trois mois, de fin mars à début juin 2011, avec des périodes de pics et de longs moments d'accalmie.

Petite genèse de cent deux journées d'instabilité et de stress.

La première mutinerie prend naissance à Ouagadougou. Les motivations jadis invoquées par les mutins armés se sont enrichies d'autres sujets. Ainsi, on a enregistré cette année, des raisons judiciaires, un déficit de communication, des revendications de primes et indemnités, une mal gouvernance entraînant un malaise au sein des armées ; et, la contestation des responsables du commandement par les hommes du rang. Mais jamais, les mutins n'ont remis en cause leur loyauté au chef suprême des Armées, leur fidélité à la République et au président du Faso.

En effet, les toutes premières mutineries ont été provoquées par une décision de justice contestée par les mutins. Des militaires des camps Guillaume Ouédraogo et Sangoulé Lamizana prennent les armes et, de 20 heures au petit matin, quadrillent la capitale et tirent en l'air. Motif : ils protestent contre une décision de justice prise la veille contre cinq de leurs camarades, « condamnés pour coups et blessures volontaires sur un civil, attentat à la pudeur et viol ».

Ces nouveaux acteurs de la crise ne se contentent pas de protester contre l'autorité judiciaire, politique et/ou administrative. À trois heures du matin, ils libèrent les détenus de leur prison au Camp Sangoulé Lamizana, s'en prennent aux stations d'essence, aux commerces, aux boutiques, aux domiciles de certains hommes politiques et hommes d'affaires, aux magasins de stockage de marchandises, traumatisent les citoyens, cassent, pillent, volent et, pire, violent.

Du jamais vécu dans l'histoire de notre pays. L'armée nationale, censée protéger les populations, les biens privés et publics, les institutions républicaines, retourne les fusils du peuple, contre le peuple. Au lieu d'inspirer paix et sécurité, elle se transforme en danger pour la paix et la stabilité des institutions.

Durant toute la semaine, les « mutins » comme on les baptise désormais, s'en donnent à cœur joie dans la capitale. Les tentatives de médiation du commandement sont vaines. Les jours se suivent et se ressemblent. Même dans la journée, les militaires investissent les rues de la capitale, paniquent les populations, tirent en l'air, vandalisent les commerces, « réquisitionnent » les voitures et motos de particuliers et de services pour alimenter leur mouvement.

De nombreux témoignages rapportent que les mutins, au cours de leurs opérations, incitaient, voire invitaient les populations à prendre part à leurs actions de pillage, de vols, de casses, bref, de vandalismes économiques. Les voleurs et les délinquants professionnels n'en demandaient pas tant ! Une aubaine dont ils ont sans doute profité pour réaliser leur rêve inespéré.

C'est dans ce contexte de surchauffe dans la capitale que la garnison de Fada N'Gourma met le pied dans le plat. Elle justifie son mouvement par la condamnation d'un jeune militaire à une peine de prison ferme pour viol d'une mineure et exige sa libération. Face au refus de l'autorité judiciaire locale, elle va libérer par les armes son « protégé » ; comme l'ont fait les mutins de la capitale. Les locaux du palais vont même être la cible de tirs à l'arme lourde. Le premier responsable de l'institution est obligé de trouver refuge à Koupéla, pour raison de sécurité.

Le concert des armes se poursuit, par intermittence dans la capitale et à Fada N'Gourma. Jusqu'au 29 mars, où, un autre palier est franchi avec les assauts nocturnes lancés par les mutins de Ouagadougou contre les domiciles du maire de la capitale, monsieur Compaoré Simon et, du chef d'état-major général des Armées, le Général Diendjeré Dominique.

Face à l'électrochoc subi par l'opinion, le pays connaît comme une pause des mutineries avec des réminiscences sans gravité dans quelques commissariats de police comme à Léo, à Ouagadougou, etc.

Un retour à la paix de courte durée puisque, dans la nuit du 14 au 15 avril 2011, le Régiment de sécurité présidentielle (RSP) s'invite dans la mutinerie. Vingt-quatre heures durant, Ouagadougou est encore plongée dans la terreur. Encore et toujours des saccages, des casses, des vols, des viols. Les commerces, les stations d'essence, etc., sont visés par les mutins. Le domicile de leur chef, le Général Gilbert Diendjeré, subira aussi des tirs à l'arme lourde.

Puis, encore une sorte de pause de deux semaines rythmée par des accès sans ampleurs notables comme les tirs enregistrés dans quelques commissariats de police à Ouagadougou et au sein de la Direction générale de la police les 27 et 28 avril, dans la caserne des gardiens de la paix à Ouagadougou mi-mai 2011.

Les avant-dernières mutineries importantes surviennent dans la nuit du 29 au 30 mai à Dédougou, Tenkodogo, Koupéla, Garango, Kaya, Dori. Des mutineries qui réussissent à consolider et cristalliser l'unanimité de l'opinion contre les mutins ; une opinion qui exige que, désormais, l'État restaure son autorité ; au besoin par la violence légitime, surtout, pour protéger les vies des populations civiles innocentes, protéger les biens publics et privés si chèrement acquis.

L'ultime mutinerie est celle enregistrée du 31 mai au 02 juin à Bobo Dioulasso. La dernière, mais, de par ses impacts, la plus détestable aussi. Pendant quarante-huit heures, les mutins ont commis plus d'exactions que les deux mois de mutineries à Ouagadougou. Déterminé à en finir, convaincu que les mutins ne sont qu'une minorité au sein des forces armées nationales, assuré qu'il bénéficie du soutien unanime des Burkinabé, le Gouvernement décide de mettre un terme à la série noire par la manière forte.

Une coalition de trois catégories de forces comprenant : une unité mobile de la gendarmerie nationale, une unité du régiment para-commandos (parachutistes) de Dédougou et une unité du régiment de sécurité présidentielle fait route vers la ville de Bobo Dioulasso. Dans la matinée du vendredi 03 juin 2011, elle encercle la cité de SYA, désarme les mutins, met fin à leurs manifestations à 11 heures.

Le retour à la normale se consolide. Aucune autre mutinerie n'a été enregistrée. La réduction musclée des mutins de Bobo Dioulasso a définitivement dissuadé toute récidive. Pour toujours, espérons-le.

III. COLÈRE DES COMMERÇANTS VICTIMES DES MUTINERIES

Jusque-là, les acteurs civils de la crise se retrouvaient dans un cercle bien circonscrit ; celui des élèves et des étudiants ; mais, à partir du 24 mars 2011 en effet, un autre acteur civil entre en scène et éclipse les manifestants scolaires et universitaires.

Touchés dans leur chair et dans leurs biens, les opérateurs victimes des actes de délinquances économiques, surtout les acteurs du secteur informel de Ouagadougou, spontanément, organisent des contre-manifestations pour protester contre les conséquences des mutineries armées dont ils sont victimes. Ils s'adressent d'abord aux mutins dans un rassemblement à la Place de la Nation et, devant le camp Guillaume Ouédraogo, dénoncent et condamnent les atteintes à leurs commerces, les violences contre les civils, les vols et viols commis par les mutins, etc.

Ainsi, chaque sortie de militaires dans la capitale est suivie de marche de protestation des commerçants. Il en sera de même à Bobo Dioulasso, après les exactions subies suite à la mutinerie des 31 mai, 1er et 2 juin 2011. La Direction régionale de la Douane, la Mairie de la ville, etc. seront la cible des manifestants.

IV. FRONDE DU POUVOIR JUDICIAIRE

Simultanément, outre les scolaires, les universitaires, les commerçants, une troisième catégorie de civils, désarçonnés par les mutins entrent en grève illimitée. Sur tout le territoire, le monde judiciaire, magistrats, avocats et auxiliaires de justice cessent le travail. Ils exigent entre autres :

- la restauration de leurs lieux de travail, notamment les palais saccagés à Ouagadougou et à Fada N'Gourma ;

- la sécurisation des palais et des agents ;

- le respect des décisions de justice ;

- la convocation d'une session extraordinaire du Conseil supérieur de la magistrature avant de rejoindre les prétoires.

Le syndicat de la magistrature, avec tous les autres acteurs ainsi mobilisés, ouvre le quatrième front de bataille contre le Gouvernement. Ils ne reprendront le service que le 10 avril 2011 après la restauration de leurs lieux de travail et les réponses favorables du Gouvernement à la plupart de leurs revendications.

V. ATTITUDE DES ACTEURS POLITIQUES

Près de trois semaines après leur déclenchement à Koudougou, les manifestations prennent l'envergure d'un mouvement à dimension nationale. D'où une légitime et naturelle suspicion d'implication de manipulateurs politiques qui tireraient les ficelles derrière les différents acteurs scolaires et universitaires. Les appels du père de Justin Zongo le 10 mars 2011, invitant ses collègues élèves et étudiants à travers tout le pays, à cesser les manifestations, à éviter les casses et incendies n'ont pas l'effet escompté.

En effet, le 11 mars 2011, le vice-président de l'Union nationale pour la démocratie et le développement (UNDD) est brièvement interpellé par la gendarmerie nationale.

Dans ce contexte de fermentation politique de la crise par les acteurs de la scène politique, le chef de l'État, Blaise Compaoré, depuis Nouakchott, à la réunion du Comité de paix et de sécurité de l'Union africaine (UA) sur la crise ivoirienne à laquelle il prend part, va donner, pour la première fois, de la voix. Il appelle tous les acteurs à la retenue. C'était le 13 mars 2011.

Dans l'intervalle, le 15 mars 2011, le Congrès pour la démocratie et le progrès (CDP), parti majoritaire au pouvoir, sort enfin de son silence et dénonce, dans un communiqué de presse, « des forces occultes ». Le 17 mars 2011, c'est au tour du président de l'UNDD, de répondre à la gendarmerie nationale.

Le 17 mars, le Groupe du 14 février publie sa première déclaration dans la presse pour donner sa lecture de la crise. Il affiche son soutien aux manifestants, invite la population à la mobilisation et lance son slogan du moment : « Blaise doit partir, Blaise partira ».

L'entrée sur scène des militaires le 23 mars achève en effet de convaincre une partie de l'opposition politique nationale que son heure a sonné. Le fruit est mûr, il faut le cueillir. Ce sentiment se raffermit après la sortie des éléments du Régiment de sécurité présidentielle (RSP), les 14 et 15 avril 2011. Vite à l'action, les membres du Groupe du 14 février, assurés de leur fait, appellent les organisations syndicales et de la société civile, les populations à un meeting le 30 avril à

Ouagadougou, à l'historique Place de la Nation, pour réclamer la démission du Chef de l'État. Un autre 03 janvier 1966 en perspective ! La réduction successive de tous les facteurs de crise par l'exécutif doit décevoir tous ces politiques qui rêvaient d'une issue en leur faveur.

VI. LES MÉDIAS ET LA CRISE

La presse, comme on le sait, est un acteur déterminant de la démocratie. La liberté de presse et la liberté d'expression en sont des indicateurs universellement reconnus. Sans liberté de presse et d'expression, point de démocratie. La qualité de la démocratie se mesure donc au degré d'usage de ces deux libertés ; donc à la pertinence de ces indicateurs de qualité et de viabilité. Objet de convoitise et de récrimination à la fois, la crise a laissé des traces indélébiles dans le paysage médiatique national.

1. Les attaques et agressions morales subies par les médias

La crise a été le cadre d'actes attentatoires à la liberté de la presse. En effet, les manifestants saccagent la radio *Savane FM* par deux fois les 14 et 15 avril 2011. Les travailleurs présents sont violentés et le matériel saccagé. Bilan : plus d'une dizaine de millions d'investissements détruits en l'espace d'une nuit, du matériel et des documents personnels précieux emportés par les visiteurs.

Toujours le 15 avril, la télé *Canal 3* reçoit des impacts de projectiles sur ses vitres. Toutes les deux stations sont l'objet de menaces d'interventions punitives.

À Ouagadougou, des élèves observent un *sit-in* devant la *Télévision nationale du Burkina (TNB)*. À plusieurs reprises, ses équipes de reportage sont refoulées et une de ses caméras est confisquée par les étudiants à l'université de Ouagadougou. La caméra sera restituée seulement en octobre 2011

Plus grave, lors des mutineries des 30 mai au 01er juin 2011, la *RTB2* de Bobo Dioulasso reçoit la visite forcée de mutins qui tentent de prendre la station pour faire une déclaration. Aussitôt, le signal est coupé et la tentative échoue. Comme à *Savane FM*, le personnel présent cette nuit à la *RTB2* de SYA subit les menaces des militaires mutins, les locaux sont la cible de tirs à balles réelles, le matériel endommagé.

Dans plusieurs autres localités du pays, des stations de radios de proximité sont visées par des manifestants. C'est le cas par exemple : de la radio *Notre Dame de la Réconciliation* à Koudougou, de la radio *La Voix du paysan* à Ouahigouya et de la radio *Nabonswendé* à Pouytenga dont les studios sont envahis par des manifestants.

Des responsables de médias, des reporters sont sous pression voire, agressés sur les scènes des événements comme ceux de la télévision nationale à la Bourse du travail

Dans un tel contexte, certaines radios privées suspendent leurs émissions interactives de débats directs de plus en plus virulentes. La radio du groupe *Horizon FM* à Fada est même obligée de fermer ses portes à titre préventif, comme beaucoup d'autres, sous les menaces.

2. Des manquements à l'éthique et à la déontologie sont aussi observés du côté de la presse

Quelques cas de manquements à l'éthique et à la déontologie professionnelles sont constatés. Dans la presse nationale, on enregistre des cas de propos, écrits, photos dans les journaux, images télévisuelles ainsi que sur Internet partiaux, choquants et, incitant à la violence.

À l'extérieur du Burkina, des radios et télévisions internationales et Internet relaient volontiers les échos et images sensationnels et négatifs, ajoutant la panique, notamment chez les Burkinabè de l'extérieur et dans le secteur du tourisme.

Le professionnalisme, l'éthique et la déontologie semblent alors foulés aux pieds au profit d'une certaine excitation fébrile. Ainsi, des radios et télévisions internationales et Internet annoncent même la chute du régime.

3. La contribution de l'exécutif

Très sollicité à l'intérieur, mais surtout par la presse internationale, le ministre de la Communication est sur tous les fronts. Toutes les semaines, un point de presse hebdomadaire est institué et animé par une équipe identifiée selon l'exigence de l'actualité. Tous les ministères impliqués sont interpellés. Une cellule de veille informationnelle est mise en place. Son action proactive neutralise la rumeur, soulage l'opinion et répond en temps réel à la curiosité des médias internationaux.

Lors de sa visite d'adieu en France, le nouveau Premier ministre fait le point de la situation au partenaire français. Une mission conduite par le ministre de la Communication rassure la presse métropolitaine. Tour à tour, Son Excellence monsieur le Premier ministre et le ministre des Affaires étrangères rencontrent les partenaires au développement et le corps diplomatique pour les informer, les rassurer et les remercier de leur accompagnement.

4. Les actions du Conseil supérieur de la communication

La gestion de la communication dans un contexte de crise est d'une extrême complexité. L'Instance de régulation se devait donc de surveiller l'activité des médias comme du lait sur le feu. Plusieurs actions ont été posées dans ce sens. Parmi tant d'autres, on note :

- la convocation en urgence d'une session extraordinaire du collège des conseillers pour connaître de la crise et du traitement de l'information le 28 février, par Madame Béatrice Damiba, présidente du CSC ;

- des appels répétés aux médias à ne pas jeter de l'huile sur le feu et des contacts ciblés pour observation sur des images, des écrits ou des propos incitant à la violence ;

- l'envoi, courant mars 2011, de missions sur tous les axes du pays pour : visiter les médias publics et privés, s'enquérir des difficultés et dégâts éventuels et prodiguer des conseils de traitement de l'information en période de crise et les rassurer de l'accompagnement du CSC pour un exercice libre et professionnel du métier ;

- La visite à la radio Savane FM et à la télévision Canal 3 à Ouagadougou le 22 avril, par la présidente du CSC pour constater les dégâts et apporter son soutien aux équipes qui animent ces deux médias.

En un mot, la crise a eu un impact réel sur la vie des médias. Les éléments ci-dessus sont une partie des retombées négatives, mais, comme toujours, la presse burkinabè sait se surpasser pour relever tous les défis démocratiques. Ainsi, malgré ces assauts, les médias, dans leur grande majorité, sont restés disponibles pour appuyer les efforts de reconstruction de la paix sociale. Le ton était en faveur de la raison, du dialogue, du rapportage des faits. Certes, ce n'est pas une surprise pour qui connait la presse burkinabé ; mais on peut se féliciter du fait que dans ce contexte de crise, une fois de plus, le quatrième pouvoir sacrifie les discordances de clocher pour se consacrer à l'essentiel : la raison d'État, la quête de l'entente entre les acteurs, la recherche de la paix sociale.

VII. Sursaut de gestes de paix

C'est méconnaître la maturité politique du peuple burkinabé et la nature de la crise que le pays traverse.

La journée du 09 avril 2011 aura enregistré un fait notable : la marche meeting de la coalition des associations et organisations de la société civile contre la « vie chère ». Ce jour aussi, décède l'élève Bouda Madina, victime d'une balle perdue des mutins de Ouagadougou, puis évacuée en France pour y recevoir des soins. Les élèves observent une journée morte en sa mémoire.

Deux faits qu'il convient d'inscrire parmi les tout premiers dans le sens de la recherche de la paix. La marche suivie de meeting et la journée morte ont été pacifiques, sans heurts, sans violence, sans destruction, sans excès. Tous les acteurs ont su raison garder et bien canaliser leurs activités pour les inscrire ainsi dans le cadre des manifestations ordonnées, respectueuses de la réglementation, en somme, républicaines.

Après la coalition contre « la vie chère », ce sont les organisations syndicales qui vont s'inscrire dans cette logique positive. Dans le cadre de la préparation de la commémoration unitaire de la fête du Travail, le 1er mai, celles-ci appellent leurs bases à se démarquer du meeting du 30 avril, organisé par le Groupe du 14 février, pour exiger la démission de Blaise Compaoré. Un meeting par lequel elles ne se sentent pas concernées. Résultat, au soir du meeting, moins d'un millier de partisans à la démission du président Blaise Compaoré étaient au rendez-vous.

Le 1er mai, elles persistent dans cette quête de paix sociale ; ainsi, contrairement à la coutume observée jusque-là, les organisations syndicales décident de surseoir aux marches sur l'ensemble du territoire. Elles vont célébrer la fête du Travail par une simple cérémonie de remise de leur cahier de doléances annuelles au Gouvernement. Explication, le contexte de crise que le pays traverse n'est pas propice à la marche qui pourrait être infiltrée par des acteurs étrangers à la cause des travailleurs pour d'autres objectifs. Une sagesse qui nourrit le processus de retour à la paix sociale pour lequel, le nouveau gouvernement consacre toutes ses énergies.

Déjà, à l'issue des audiences que le chef du Gouvernement leur a accordées les 26 et 27 avril, les leaders syndicaux avaient accueilli positivement les mesures qui seront rendues publiques le 28 avril par Luc A. Tiao à l'occasion de sa première rencontre avec la presse nationale et internationale. Ils annonceront même leur disposition à accorder un temps d'observation au Gouvernement.

Ceci expliquant, l'on comprend que les négociations auxquelles le dialogue social a donné suite durant les mois de mai et juin se sont toutes bien conclues, désamorçant ainsi du coup, les ferments de la crise en faveur d'un processus de normalisation et de retour à la paix.

Bien avant les organisations syndicales, dès l'allumage de la mèche de la crise à Koudougou en ce 22 février 2011, les associations de parents d'élèves ont été aux côtés du Gouvernement pour l'appuyer dans la recherche de solutions aux problèmes posés. Ils développeront leur plaidoyer pour la réouverture des classes, la reprise des cours, le rattrapage des retards pour assurer des examens de qualité aux élèves, etc.

Dans la même lancée, des organisations de la société civile, notamment les associations de femmes, des commerçants, des leaders d'opinion (coutumiers et religieux), des privés, la hiérarchie de l'armée multiplieront les initiatives de quête de la paix sociale à travers des journées de prières, marches, meetings, cross populaires, kermesses, rencontres sportives... Une dynamique qui a gagné toutes les régions du pays et contribué à liquéfier la crise et tuer dans l'œuf, toute perspective de crise institutionnelle de nature à compromettre la vie du régime.

Outre ces acteurs internes, il est important de signaler que tout au long de cette crise, surtout à partir du déclenchement des mutineries militaires, notre pays a reçu une manifestation vive et concrète de la solidarité de la sous-région. D'abord, à l'occasion des rencontres des organisations sous régionales telles la **CEDEAO** et l'**UEMOA**. Ensuite par le déplacement de ses pairs africains venus à Ouagadougou, pour affirmer leur soutien au président Blaise Compaoré. Entre autres on rappellera les visites des présidents malien, togolais, nigérien, guinéen et ivoirien courant avril-mai 2011.

VIII. IMPACTS DE LA CRISE

Nous sommes maintenant dans une phase de sortie de crise et de consolidation de la paix sociale. On peut, grâce au processus de normalisation amorcé avec la neutralisation des mutins de Bobo-Dioulasso, calmement et dans une certaine sérénité, s'interroger sur les impacts de cette crise 2011. Ils sont de plusieurs ordres. On ne peut les traiter tous de façon exhaustive dans une entreprise aussi expéditive. Aussi, retenons quelques-uns, des plus significatifs : les pertes en vies humaines, les blessés, les viols, les exactions économiques, la destruction des armements, la dégradation de l'image du pays et de son armée, la désarticulation de l'économie nationale, le saccage des édifices et infrastructures privés et publics, etc.

1- Les pertes en vies humaines constituent la catégorie de conséquences les plus regrettables de cette crise. La plupart sont survenues consécutivement à des balles perdues à l'occasion des tirs des mutins militaires et paramilitaires. Peu importe le nombre ; car, une seule vie de perdue est une vie perdue de trop. Que les victimes soient des rangs des mutins ou des élèves innocents emportés dans leur sommeil par une balle perdue ou non, on ne peut que les regretter. Il y en a eu partout où on a enregistré une mutinerie : à Ouagadougou, à Bobo-Dioulasso, à Tenkodogo, à Fada N'Gourma. Il y en a eu aussi dans les principaux foyers de manifestations scolaires ; notamment à Koudougou, à Poa, à Kindi, à Léo.

2- Les blessés, légers ou graves. Il y en a eu aussi, sur les mêmes théâtres d'opérations et dans les mêmes circonstances que les décès. Sans doute, leur nombre est plus élevé que celui des morts ; mais ils sont tout aussi regrettables.

3- Les femmes et filles violées par les manifestants, vingt-cinq recensées au 16 juin 2011. On les retrouve également dans plusieurs localités : Fada N'Gourma, Ouagadougou, Bobo Dioulasso... L'on ne saura jamais exactement combien de viols cette crise a occasionné dans tout le pays. Il n'en fallait même pas un seul. Ces femmes et filles atteintes dans leur intégrité morale et physique sont inconsolables à jamais.

4- La valeur économique, chiffrée des exactions, actes de vandalismes, vols, pillages de marchandises dont les acteurs civils et militaires de la crise se sont rendus coupables ne peut être évaluée avec précision et certitude. On peut en déduire qu'il s'agit ni plus ni moins que des crimes économiques irréparables. Au regard des sommes déjà injectées par le Gouvernement dans cette phase d'appui et d'indemnisation des opérateurs victimes de la crise, l'on peut se faire une idée de l'énormité des dégâts. À la date du 16 janvier 2011, plus de mille six cents victimes étaient listées pour ces opérations.

5- La destruction des armements. Combien coûte une balle d'arme de guerre ? Que vaut un stock d'armes comme celui de la garnison de Bobo-Dioulasso, deuxième région militaire du pays ? Les spécialistes nous le diront : des milliards ont été ainsi réduits en fumée au cours de ces nuits de mutineries et dans toutes les casernes du pays. On est même tenté de se demander, qu'est-ce qu'il en reste, des stocks nationaux ?

6- La dégradation de l'image du pays et son armée. La paix, c'est le premier trésor de notre pays, la stabilité est le socle sur lequel se bâtit notre développement. La paix et la stabilité fortifient la confiance, attirent la sympathie, rassurent les investisseurs. Quatre mois de manifestations scolaires et universitaires, deux mois de mutineries dans toutes nos casernes ont porté un coup terrible à ces trésors que nous avons mis un quart de siècle à amasser patiemment. Ces trésors se capitalisent avec le temps. Il nous faudra encore beaucoup de temps pour regagner la sympathie, la confiance de tous ceux de nos partenaires, amis qui ont perdu confiance en notre pays, en ses institutions, dans ses qualités et atouts premiers : la paix et la stabilité politique et institutionnelle.

7- Suite à cette crise, les perspectives de performances de notre économie sur les prochains exercices sont compromises. Certains investissements dans des projets de développement devront être réorientés dans la réparation des impacts de la crise, dans la satisfaction de revendications d'ordre social. Remettant à plus tard, la mise en œuvre de ces projets « développeurs ». Les coups portés à certaines institutions vont réduire leurs performances habituelles ; citons à titre d'exemples les services de recettes comme la douane. L'apport en taxes et divers impôts de nos contribuables sinistrés par la crise est réduit à néant.

8- Enfin, que de gâchis quand on constate les saccages des édifices et infrastructures publics et privés par les manifestants : militaires, élèves, commerçants, etc. ; un peu partout dans le pays. Au 16 juin, on dénombrait par exemple une cinquantaine de commissariats de police saccagés. Il y a surtout, dans cette rubrique, les valeurs immatérielles détruites dans les mémoires des ordinateurs, dans les rapports administratifs, dans les œuvres de l'esprit emportées soit par les hommes, soit par les flammes.

Photo n° 01 : S. E. Blaise Compaoré, président du Burkina Faso

Photo n°02 : Le général Honoré Nabéré Traoré, chef d'état-major général des armées lors de la conférence de presse pour informer l'opinion nationale sur les mutineries, leur coût et leurs conséquences.

Photo n°03 : Le père de Justin Zongo, Nagoukonba Zongo en compagnie de sa sœur Gnoupoko Marie Zongo

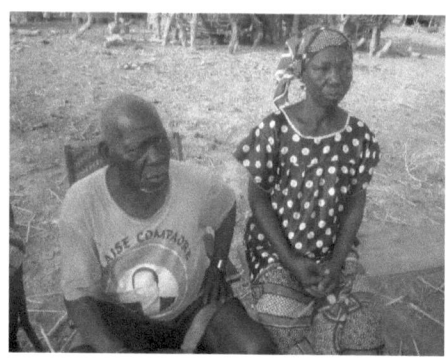

Photo n°04 : Manifestation de jeunes en colère

Photo n°05 : Les sapeurs-pompiers se déploient sur le terrain

Photo n°06 : Gendarmes en tenue anti-émeutes guident les autorités

Photo n° 07 et **08** : Les forces de l'ordre faisant face aux manifestants

Photo n°09, 10 et **11** : Maisons brûlées par les manifestants

Photo n°12 et **13** : Véhicules incendiés lors des émeutes

Photo n°14 et **15** : bâtiments et documents administratif saccagées et brûlés

Chapitre III

Approches et gouvernance de la crise

Lorsqu'un conflit social éclate, c'est le Gouvernement qui est interpellé en premier et ce fut le cas pour ce qu'il convient d'appeler désormais l'affaire Justin Zongo.

Les regrettables manifestations qui ont suivi, et dont les auteurs ont défié l'autorité de l'État, ont plongé le pays dans une profonde crise multidimensionnelle qui a perturbé sérieusement et sans doute pour longtemps l'économie du pays, troublé la paix et la cohésion sociales et porté une grave atteinte à l'image du Pays des hommes intègres.

La gestion de la crise s'est opérée à tous les niveaux de l'État. Tout naturellement c'est d'abord le Gouvernement qui s'y est investi en premier, mais sans l'implication délicate du Chef de l'État, certains paramètres auraient été difficiles à résoudre pour une sortie de crise.

I. Les initiatives du président du Faso

En raison de l'ampleur des manifestations et de leur diversité, le président du Faso qui avait jusque-là laissé le Gouvernement agir sort de sa réserve le 30 mars 2011 et parle au peuple burkinabè.

Dans son adresse, il déplore les pertes en vies humaines et la destruction de biens publics et privés, présente ses condoléances aux familles endeuillées, leur exprime sa compassion, souhaite un prompt rétablissement aux blessés et condamne les comportements des militaires à l'origine de ces torts.

Le président du Faso réaffirme son attachement à la paix, à la liberté, à la démocratie et à la cohésion sociale, appelle à un sursaut de la part de toutes les composantes de la nation pour davantage de respect de la République et du patrimoine commun.

1. Le discours à la nation du président du Faso du 30 mars 2011

« Peuple du Burkina Faso ;

Depuis quelques semaines, des manifestations de rue ont touché des localités de notre pays et profondément perturbé la quiétude des populations, compromettant dangereusement la sécurité, la paix et la cohésion sociales. Ces affrontements ont occasionné des pertes en vies humaines, la destruction d'édifices publics et privés et porté un sérieux coup aux efforts consentis pour bâtir les bases matérielles du progrès et assurer la sécurité des citoyens.

À toutes les familles endeuillées, j'adresse mes sincères condoléances et leur exprime ma compassion ainsi que ma profonde solidarité.

Je souhaite un prompt rétablissement aux blessés afin qu'ils puissent continuer d'apporter leur précieuse contribution au développement de notre nation.

Chers Compatriotes ;

Ces derniers jours, des éléments des Forces armées nationales, refusant de se soumettre à des décisions de justice, se sont emparés d'armes de guerre et de munitions pour terroriser les populations et se livrer à des actes de pillage. Ces contestations accompagnées de comportements qui portent atteinte à la dignité de la femme ne sauraient être tolérées dans un État de droit. Elles nous interpellent tous sur la nécessité de mettre un terme à l'usage de la violence afin de préserver les acquis en matière de droits et de libertés au Burkina Faso.

Face à ces événements, le Gouvernement a entrepris des actions et mesures d'apaisement et mis en place un dispositif de soutien et de dédommagement financier des victimes.

Dans le même esprit, le commandement militaire a présenté ses excuses aux populations ainsi qu'à l'ensemble des acteurs du monde de la justice, un des piliers essentiels de l'État de droit.

Peuple du Burkina Faso ;

Les Forces armées nationales ont été bâties sur des valeurs de discipline, de courage, de loyauté à la République, de respect de la personne humaine, qui font la fierté de l'ensemble des Burkinabè.

Cet héritage transmis de génération en génération a forgé une âme à ce corps de métiers et établi durablement un rapport de confiance entre l'Armée et la Nation. Cependant, les comportements observés ces derniers temps chez certains éléments sont en inadéquation avec l'éthique militaire, les principes sacrés de la République et ternissent l'image des Forces de défense.

Chers Compatriotes ;

L'État de droit démocratique garantit des libertés aux citoyens, leur reconnaît des droits mais exige d'eux des devoirs.

J'ai saisi le sens et la portée de la quête de bien-être, de vérité, de justice et de sécurité qui sous-tendent certaines manifestations.

C'est pourquoi, au regard de la légitimité, de la responsabilité et de la confiance que vous m'avez toujours accordées, je veillerai à ce que justice soit rendue et prendrai des mesures vigoureuses pour la protection de l'ensemble des populations et la sécurisation des biens publics et privés.

En outre, je réaffirme ma disponibilité à rencontrer toutes les catégories sociales en vue d'échanger sur leurs préoccupations. Dès demain, je recevrai les différentes composantes de nos Forces armées.

Peuple du Burkina Faso ;

Le Gouvernement, avec l'appui des partenaires techniques et financiers, déploie de nombreux efforts pour assurer l'investissement public et notre devoir est d'en prendre soin au nom des générations futures.

Les nouvelles pratiques de revendication qui consistent à s'attaquer aux symboles de l'État, à détruire systématiquement les biens publics et privés, constituent une dénégation de la tradition de lutte qui a traversé les générations passées. Elles sont en contradiction avec les valeurs qui fondent l'unité et la cohésion de notre société.

J'en appelle à un sursaut de la part des forces politiques et sociales empreintes de patriotisme et de civisme, afin que le respect de la République et du patrimoine commun soit davantage enraciné.

C'est dans le but de promouvoir ces valeurs que j'ai invité l'ensemble des acteurs politiques à mûrir la réflexion sur les réformes indispensables à l'approfondissement de la démocratie, au raffermissement de notre système de gouvernance politique et institutionnelle. Les décisions consensuelles issues de ces concertations seront immédiatement appliquées pour conforter nos acquis.

C'est au prix d'un dialogue soutenu et apaisé que nous pourrons réussir les transformations escomptées, le renforcement de la démocratie et l'élévation du niveau de vie des Burkinabè.

Peuple du Burkina Faso ; chers Compatriotes ;

Chaque fois que notre nation a été confrontée à une crise politique ou sociale majeure, nous avons toujours trouvé des hommes et des femmes de bonne volonté issus de toutes les confessions religieuses, des milieux coutumiers, des organisations de la société civile, du monde des opérateurs économiques et du secteur informel, qui se sont investis pour sa résolution et la consolidation de notre marche vers le progrès.

Cet engagement et cette disponibilité patriotique ont toujours permis au peuple burkinabè de résister victorieusement aux complots organisés pour l'aliénation de sa liberté et la négation de ses aspirations à l'édification d'un Burkina Faso fort, stable et respecté. J'ai foi en la capacité du peuple burkinabè à surmonter les difficultés qui apparaissent sur son parcours, pour affirmer davantage son attachement à la paix, à la démocratie et à la cohésion sociale.

Vive la République

Vive le Burkina Faso

Je vous remercie. »

2. Les concertations du Chef de l'État avec les forces vives

Le chef de l'État, ayant saisi le sens de la quête de bien-être, de vérité, de justice et de sécurité qui sous-tendent certaines manifestations, entreprend le 30 mars 2011 une large concertation avec des représentants de toutes les composantes de la communauté nationale pour échanger sur leurs préoccupations communes et spécifiques.

Ce sont les chefs coutumiers et les leaders religieux qui sont reçus en premier, puisqu'ils sont les dépositaires de la tradition, les promoteurs de la foi et les artisans de la sauvegarde de la paix et de la cohésion sociales.

Ces acteurs sociaux ont salué et encouragé l'initiative du président du Faso et se sont engagés à prier et à agir dans la discrétion pour la réconciliation nationale et la paix sociale.

Aussitôt après les échanges, ils ont appelé les élèves, les étudiants, les militaires, les commerçants, les travailleurs du public et du privé, la société civile, en somme tous les Burkinabè à la retenue, à la tolérance et au pardon afin de préserver la paix indispensable au développement.

Le Président Compaoré reçoit ensuite successivement les différentes composantes des forces armées nationales et des forces paramilitaires depuis les soldats du rang jusqu'au haut commandement pour écouter, comprendre, dialoguer, définir des axes de réflexion pour des actions immédiates en vue d'une résolution définitive de la crise, mais surtout dans la perspective de profondes et indispensables mutations.

À l'analyse, les mouvements d'humeur dans les casernes sont liés en grande partie à un déficit si ce n'est une absence de communication que la réforme préconisée doit nécessairement corriger.

Les concertations du chef de l'État se sont poursuivies avec les acteurs du secteur de l'Éducation que sont les syndicats d'enseignants, les fédérations des associations de parents d'élèves et d'étudiants, les associations d'élèves et d'étudiants, les fondateurs d'établissements, les ONG actives en éducation qui ont préconisé l'examen des revendications des élèves, des étudiants et des enseignants.

Ces acteurs ont salué l'approche d'une démarche concertée pour examiner les problèmes qui minent le milieu scolaire et universitaire afin d'y apporter des solutions consensuelles.

Ils se sont engagés aux côtés du Gouvernement à la recherche de solutions afin de sauver l'année scolaire et universitaire 2010 - 2011 et poser les jalons pour le moyen et le long terme pour de meilleures conditions de travail et d'études.

Les violentes manifestations des militaires ont pris pour prétexte la condamnation en première instance le 22 mars 2011 de cinq des leurs dans une affaire civile.

La destruction de palais de justice et la liberté provisoire obtenue à la suite de l'appel fait du jugement provoquent le courroux des magistrats qui, en réaction, décident de l'arrêt de toutes les activités judiciaires.

Le président du Faso, par ailleurs président du Conseil supérieur de la magistrature a bien évidemment abordé au cours des échanges qu'il a eus avec les acteurs du monde judiciaire cette brûlante question et bien d'autres préoccupations relatives notamment à la réforme du système judiciaire.

Avec les personnels politiques, la concertation a porté sur les réponses urgentes à apporter à la résolution de la crise, mais surtout pour le long terme, la réflexion sur les réformes politiques indispensables à l'approfondissement de la démocratie, et au raffermissement de la gouvernance politique et institutionnelle.

Ces rencontres, selon l'approche du dialogue direct, qui ont été unanimement saluées avec le souhait qu'elles soient institutionnalisées, visaient à prendre la juste mesure de la situation, à travers la connaissance des préoccupations communes et spécifiques des différentes couches sociales et les analyser en vue d'envisager les solutions idoines.

Alors que l'on croyait s'acheminer vers une sortie de crise voilà que le Régiment de sécurité présidentielle (RSP) renvoie tout le monde à la case départ la nuit du 14 au 15 avril en imposant une nuit sans sommeil aux habitants de la capitale dans un concert d'armes lourdes et légères ainsi que des casses et des pillages.

Décidément, toutes les limites du tolérable sont franchies, les thérapies du Gouvernement n'ont pas permis de soigner le mal, il faut sans aucun doute envisager un autre remède.

3. La nomination d'un nouveau Gouvernement

C'est ainsi que le week-end du 15 au 17 avril 2011, le président du Faso dissout le Gouvernement, nomme un nouveau chef d'état-major général des Armées en la personne de Honoré Nabèrè Traoré, jusqu'alors colonel-major, élevé au grade de général de brigade.

Les chefs d'état-major des Armées de Terre, de l'Air et de la Gendarmerie, sont remplacés par des intérimaires.

Beyon Luc Adolphe Tiao nommé Premier ministre le 18 avril 2011 propose au chef de l'État qui l'accepte un Gouvernement resserré de vingt-neuf (29) membres pour ramener la paix sociale et la sécurité, rassurer les populations et remettre les Burkinabè sur les chantiers du développement.

II. LES MESURES GOUVERNEMENTALES DU 28 AVRIL 2011

La nouvelle équipe de l'Exécutif n'a pas droit à une période de grâce tant les urgences sont nombreuses et les attentes pressantes.

Dans un tel contexte, il n'y a de place que pour l'action et le nouveau chef du Gouvernement l'a bien compris puisque dès le 28 avril 2011, il annonce une batterie de mesures visant à ramener la paix sociale, restaurer l'autorité de l'État, améliorer la gouvernance politique, économique et administrative.

1. Au plan social

Le Gouvernement décide d'apurer les avancements des fonctionnaires sur les périodes de 2008 et antérieures au plus tard en juin 2011, puis celle de 2009 au plus tard en septembre 2011.

À l'endroit des syndicats qui demandent une augmentation salariale, le Gouvernement, qui ne disposait pas à cette période d'une « visibilité sur la disponibilité des ressources au regard des importants efforts consentis dans d'autres domaines », notamment le dédommagement des victimes des casses consécutives à la mutinerie militaire et à la sortie d'élèves et d'étudiants, a simplement renvoyé cela à plus tard.

Cependant, en vue de trouver des solutions pérennes aux revendications à caractère social, le Gouvernement a mis en place un comité ad hoc qui en a fait la synthèse et les a classées en trois catégories liées aux salaires et indemnités, à l'amélioration des conditions de travail, ainsi qu'à la carrière et au statut des personnels.

Le comité a en outre fait des simulations de l'incidence financière de la prise en charge de ces revendications de même que l'impact de celles jugées prioritaires sur le Cadre de dépenses à moyen terme (CDMT) 2012-2014.

Ces propositions, après examen au cours d'un séminaire gouvernemental, feront l'objet de négociations avec les partenaires sociaux à l'occasion des traditionnelles concertations annuelles Gouvernement-Syndicats, en même temps que les revendications consignées dans le cahier des doléances du 1er mai 2011.

En outre, le décret sur la tarification des actes médicaux sera retiré en attendant la prise de mesures consensuelles à cet effet et des instructions ont été données pour procéder à la suspension des pénalités sur les factures d'électricité.

Enfin, l'une des mesures prises par le Gouvernement pour apaiser le climat social a été la suspension des opérations de lotissement ou de restructuration.

2. Au plan économique

Comme mesures urgentes d'apaisement, le Gouvernement met en place un mécanisme financier pour venir en appui à tous les commerçants victimes de vandalisme partout dans le pays en mettant en ordre de priorité les acteurs du secteur informel en raison de la précarité de leurs ressources financières.

En réponse aux problèmes soulevés par les partis politiques, les organisations de la société civile, et les autres couches de la société, le Gouvernement décide de subventionner le prix des produits de grande consommation.

Les produits concernés sont le riz importé 25% brisure, le riz local, le sucre granulé, les céréales locales, l'huile alimentaire, la farine boulangère et le lait.

Les prix retenus sont le résultat d'un consensus à l'issue de discussions au sein d'un comité tripartite composé de représentants de la chaîne d'importation et de distribution, des représentants des consommateurs et du Gouvernement, un comité qui a également défini des mécanismes de suivi et de contrôle pour constater l'effectivité des mesures.

Pour améliorer un tant soit peu le pouvoir d'achat, le Gouvernement décide de supprimer la Taxe de développement communale (TDC) et de réduire l'Impôt unique sur les traitements et salaires (IUTS), grâce à un abattement de 10%.

3. Au plan de la justice et de la sécurité

Des mesures d'accélération du traitement des dossiers judiciaires pendants et des dossiers spéciaux soumis au Comité paritaire ont également été décidées.

Le Premier ministre a défendu l'indépendance de la justice tout en promettant de mettre les moyens pour que le dossier de l'élève Justin Zongo et celui des autres victimes qui sont à la base de violentes manifestations généralisées soient traités « si possible avant les vacances judiciaires ». Au passage, il a promis de relever de leurs fonctions les responsables mis en cause dans des dossiers de mauvaise gestion, de corruption ou de concussion.

En matière de sécurité des personnes et des biens, le Gouvernement s'engage à renforcer la sécurité des points sensibles dans les grandes villes, et à opérer un redéploiement conséquent de la police.

En outre, le Gouvernement s'est engagé à défendre les libertés politiques et syndicales, valeurs essentielles et imprescriptibles garanties par la Constitution.

C'est ainsi que pour donner suite aux revendications des associations estudiantines, le Premier ministre a décidé de la levée de la police universitaire, considérée par ces dernières comme une atteinte aux franchises universitaires et à leurs libertés. La levée de la police universitaire a été fixée au 04 mai 2011. Le ministre des Enseignements secondaire et supérieur et le président de l'université ont été invités à prendre toutes les dispositions pour assurer la mise en place d'un nouveau dispositif sécuritaire devant suppléer ce départ.

III. La communication

Les facteurs qui ont favorisé la crise résident au plan économique dans l'inflation des prix de l'énergie et des denrées de première nécessité en dépit des efforts financiers considérables consentis par le Gouvernement pour y faire face.

Sur le plan de la gouvernance, nombre de citoyens estiment que la justice est mal rendue, que les fruits de la croissance sont inégalement répartis, que l'administration publique n'est pas suffisamment transparente et est caractérisée par des lourdeurs injustifiées et manque de lisibilité.

Au regard de ce constat, l'orientation de la communication gouvernementale consiste à donner davantage de visibilité et de lisibilité à l'action de l'exécutif au plan médiatique à travers l'explication des décisions, la vulgarisation des politiques et selon une approche proactive pour devancer la rumeur et réactive pour corriger le déficit d'information et éviter ce faisant la manipulation.

De nouvelles initiatives visant à rendre la communication gouvernementale plus performante portent sur le point de presse hebdomadaire du Gouvernement, la mise à disposition des médias et du public d'un numéro vert, la diffusion hebdomadaire d'une chronique du Gouvernement, la production d'émissions radiophoniques et télévisuelles et l'occupation d'espaces dans les médias audiovisuels privés

1. La communication gouvernementale par les médias

1.1. Le point de presse hebdomadaire

C'est ainsi que le Gouvernement rend régulièrement compte de ses activités au cours d'un point de presse hebdomadaire sur des thématiques d'actualité pour informer le citoyen et susciter son adhésion en toute connaissance de cause aux initiatives gouvernementales et à leur mise en œuvre.

La communication gouvernementale s'appuie sur chaque ministre selon le principe de la « bonne personne pour le bon propos au bon moment », et des modalités d'intervention définies par les professionnels des médias, sous la supervision du ministre porte-parole et suivant les orientations de Son Excellence monsieur le Premier ministre.

Une équipe d'experts assiste le ministre de la Communication, porte-parole du Gouvernement pour définir et réajuster en permanence des enjeux de communication en fonction des nécessités du moment et selon une stratégie qui permette de garder la main dans la gestion de la communication au lieu de subir celle des intérêts particuliers.

L'efficience de cette communication repose sur la disponibilité de chaque ministre, préalable indispensable à la réussite de l'exercice, et sur l'efficacité de la structure opérationnelle qui est le Service d'information du Gouvernement (SIG).

1.2. Le Numéro vert

L'objectif de ce numéro est de communiquer en temps réel en envoyant systématiquement l'information sous forme de dépêche aux médias nationaux, internationaux et autres partenaires mais aussi en donnant suite aux sollicitations des médias et du citoyen lambda désireux de s'informer sur tel ou tel sujet de l'actualité nationale au moyen d'un Centre d'appel.

1.3. Les chroniques écrites du Gouvernement

La démarche consiste à publier chaque mercredi dans un titre de la presse écrite une réflexion de haut niveau sur un sujet d'intérêt majeur pour le développement.

Les articles sont produits par les départements ministériels compétents pour les thématiques retenues.

À titre d'exemple on peut mentionner les thèmes suivants :

- les défis et les enjeux de la production agricole à l'horizon 2015 ;

- la répartition des fruits de la croissance : où va l'argent de la croissance ?

- l'impact de la crise sur les secteurs économiques et les recettes de l'État ;

- les grands chantiers de développement ;

- l'amélioration des conditions de vie et du pouvoir d'achat des populations ;

- les grands projets d'éducation et d'alphabétisation ;

- la politique nationale de santé ;

- les chantiers d'exploitation minière (or, zinc, manganèse) ;

- la revendication de statuts particuliers des agents publics et la question des indemnités.

1.4. La production d'émissions audiovisuelles

Ces émissions à périodicité mensuelle, parrainées par les départements ministériels concernés par les thèmes traités ont pour objectif de donner une meilleure visibilité à l'action du Gouvernement au plan sectoriel.

Les contenus porteront sur des thèmes en rapport avec l'éducation, le genre, l'emploi, la parole citoyenne, les expériences réussies dans divers domaines, etc.

1.5. Le plan d'intervention dans les médias privés

L'intervention dans les médias privés élargit l'espace de la communication gouvernementale et porte sur des enjeux liés à l'actualité selon une périodicité hebdomadaire.

Elle offre l'opportunité aux ministres et à leurs proches collaborateurs d'intervenir dans des tranches d'antenne sur les radios et télévisions privées pour expliquer les actions en cours ou à venir.

Comme actions de communication hors médias, il importe d'évoquer les équipes ministérielles que le Gouvernement a dépêchées dans les treize (13) régions du pays pour des échanges avec les forces vives, porter le message de paix et de cohésion sociale aux populations, expliquer les mesures prises pour sortir de la crise et recueillir leurs préoccupations spécifiques et leurs contributions pour bâtir un Burkina de paix et de cohésion.

2. L'offre continue de dialogue et de concertation

La première approche de la gestion de la crise fondée sur une extrême prudence dans l'encadrement sécuritaire des manifestations a laissé penser que l'on pouvait casser et brûler en toute quiétude sans aucune crainte de l'autorité de l'État qui semblait avoir marqué une pause dans son affirmation pour ainsi dire. Cette faiblesse supposée a ouvert la voie à toutes sortes de revendications maximalistes dans la plupart des cas, avec une exigence de satisfaction immédiate.

Ainsi, militaires, policiers, gardes de sécurité pénitentiaire, agents des eaux et forêts, enseignants du primaire, du secondaire et du supérieur, travailleurs des ministères de l'Économie et des Finances, des Infrastructures et du désenclavement, de la santé ont tour à tour posé des revendications portant sur l'amélioration des conditions de travail, mais surtout sur des préoccupations indemnitaires et de statuts particuliers.

Pour le règlement de tous ces conflits, le Gouvernement a toujours privilégié la concertation et le dialogue, convaincu du sens de responsabilité des acteurs sociaux qui a permis à chaque fois de trouver une issue heureuse aux différentes crises.

Toutefois, les multiples revendications n'auront de solutions véritables que dans le cadre d'une gestion globale, cohérente, diligente et non à travers un traitement au coup par coup, secteur par secteur.

2.1. Les missions gouvernementales dans les 13 régions

Afin de trouver les voies et moyens pour parachever le retour à la paix, le Gouvernement a décidé d'envoyer des équipes dans les 13 régions du Burkina Faso. Ces équipes avaient pour missions de rencontrer les différentes couches sociales de chacune des régions afin d'écouter leurs préoccupations.

Le ton de ces consultations régionales a été donné le 12 mai 2011 à Koudougou par le Premier ministre, Luc Adolphe Tiao.

Dans cette dynamique et dans le but de donner des informations sur l'action du Gouvernement en rapport avec la crise et être à l'écoute des populations à la base, des équipes gouvernementales vont entreprendre à partir du 21 mai 2011, des tournées dans toutes les régions du pays où elles sont allées à la rencontre des forces vives et des représentants des administrations déconcentrées et décentralisées dans les chefs-lieux de ces régions.

Ces missions gouvernementales devaient présenter les regrets du Gouvernement quant aux préjudices et autres désagréments subis par les populations suite aux évènements consécutifs à la crise, présenter et expliquer les mesures d'urgence prises par le Gouvernement, faire le point sur l'évolution des dossiers sensibles et pendants en lien avec la crise, recueillir et échanger sur les questions prioritaires ou urgentes propres à chaque région, recueillir les suggestions et propositions de consolidation du climat d'apaisement social.

Les membres du Gouvernement ont été accompagnés dans leurs déplacements par des représentants et des personnes ressources des départements ministériels ou institutions susceptibles d'être interpellés afin de fournir d'amples informations aux populations et répondre à leurs préoccupations.

2.2. Les sorties de terrain du Premier ministre

Nommé Premier ministre le 18 avril par le président du Faso, Luc Adolphe Tiao a, dès le 26 avril, initié une tournée auprès des responsables coutumiers et religieux. L'objectif était de prier et leur demander d'implorer la bénédiction de Dieu pour l'apaisement des cœurs et un retour à la normale au Burkina Faso.

Le nouveau Premier ministre sachant qu'une patate chaude lui a été refilée entre les mains car nommé à la primature dans un contexte de forte tension sociale et conscient que des millions de Burkinabè espèrent beaucoup, sinon trop, de lui, va immédiatement s'engager à s'investir sans réserve dans ses nouvelles responsabilités. Mais la volonté humaine à elle seule ne suffisant pas, Luc Adolphe Tiao s'est donc logiquement tourné vers Dieu et les ancêtres.

C'est dans cette optique qu'une semaine après sa nomination, il s'est rendu auprès des responsables coutumiers et religieux. Le nouveau Premier ministre a dans cette logique rencontré le Mogho Naaba Baongo, le chef suprême des Mossé, feu le président de la communauté musulmane El hadj Oumarou Kanazoé, le Pasteur Samuel Yaméogo président de la Fédération des églises et missions évangéliques et l'Archevêque de Ouagadougou Monseigneur Philippe Ouédraogo.

Il a expliqué le sens de sa démarche à toutes les étapes. En retour, ses hôtes lui ont prodigué des conseils, lui ont assuré de leurs prières et de leurs bénédictions pour un retour de la paix au Burkina Faso.

Les rencontres sectorielles et de concertations entamées par le Premier ministre Luc Adolphe Tiao, en vue de créer les conditions d'un retour à la stabilité et à la paix, se sont poursuivies, à partir du 21 mai 2011, dans toutes les régions du pays. Après Ouagadougou où de nombreuses rencontres avec les différents corps sociaux, les catégories socioprofessionnelles, les composantes de la société civile, ont été organisées, les Forces vives de la Région du Centre Ouest ont pu partager le 12 mai 2011 à Koudougou, avec le chef du Gouvernement leurs préoccupations et présenté leur vision pour une sortie de crise.

2.3. Le dialogue interne au département ministériel

Le dialogue doit prévaloir au sein des départements ministériels pour envisager des solutions en fonction des possibilités budgétaires dans une démarche planifiée.

Le gouvernement a donné instruction à chaque ministre de créer des cadres de concertation avec les administrés au niveau de leur département afin d'examiner leurs préoccupations de manière diligente en vue de leur apporter des solutions immédiates et d'institutionnaliser ces rencontres en vue d'entretenir le dialogue permanent à tous les niveaux.

IV. LA VEILLE SUR LES DROITS HUMAINS ET LES LIBERTÉS PUBLIQUES

Tout au long de cette crise, le Gouvernement est resté vigilant quant au respect des droits humains. C'est sans doute pour prévenir d'éventuels dérapages que le Gouvernement a instruit les forces de défense et de sécurité d'éviter tout affrontement avec les manifestants.

Cette prudence n'a pas empêché les manifestations de se poursuivre avec pour conséquence la destruction de biens publics et privés comme les palais de justice, l'Assemblée nationale, de nombreux commissariats de police, de brigades de gendarmerie et des commerces.

Sur le plan des libertés, les manifestations se sont déroulées en toute liberté parfois au mépris des textes en vigueur sans que l'État ne prenne ipso facto de mesures coercitives, et ce, par souci de préserver la paix sociale.

V. L'AMÉLIORATION DE LA GOUVERNANCE ADMINISTRATIVE

Le 28 avril 2011 au nombre des objectifs majeurs du Gouvernement, le Premier ministre annonçait l'amélioration de la gouvernance au triple plan économique, politique et administratif.

Cette vision est déclinée dans le Programme d'actions du Gouvernement pour l'émergence et le développement durable (PAGEDD) qui est une mouture du programme politique du Chef de l'État et des objectifs de la Stratégie de croissance accélérée et de développement durable (SCADD).

Le programme s'articule autour de quatre orientations stratégiques pour guider l'action gouvernementale les cinq prochaines années et qui sont : la consolidation de l'investissement humain et la promotion de la protection sociale, le développement institutionnel et le renforcement de la gouvernance, le développement des piliers de la croissance accélérée et de l'émergence et enfin les dynamiques nouvelles pour l'économie et les priorités transversales.

La mise en œuvre de ce tableau de bord du Gouvernement, qui a reçu un accueil favorable des partenaires techniques et financiers le 18 mai 2011, sera appuyée par des rapports semestriels de suivi.

Toutes ces orientations se fondent sur les exigences de gouvernance que le ministre de la Fonction publique, du Travail et de la Sécurité sociale a définies le 18 juin 2011 au cours d'un forum initié par l'Alliance pour refonder la gouvernance en Afrique (AGRA), comme étant « un processus d'apprentissage quotidien et collectif de règles et de principes autour desquels les sociétés humaines conviennent de gérer le bien commun, de réguler les rapports entre l'individu et le groupe ou entre les groupes sociaux qui cohabitent sur les mêmes espaces territoriaux ».

Les missions de la Cour des comptes et de l'Autorité supérieure du contrôle d'État (ASCE) visent le respect de ces règles et principes en vue d'améliorer les pratiques et les cultures institutionnelles. Chaque année, les deux institutions produisent chacune un rapport qui est remis au Chef de l'État avant d'être rendu public et qui pointe les irrégularités et dysfonctionnements dans la gestion des administrations.

Les rapports 2010 ont été remis le 24 juin 2011 au président du Faso qui instruira le Gouvernement pour la mise en œuvre des recommandations pour assainir davantage la gestion des affaires publiques. Le débat sur les questions de gouvernance doit être permanent et inclusif pour permettre des propositions pertinentes pour une gestion concertée et responsable de la chose publique.

Les travaux du Conseil consultatif sur les réformes politiques s'inscrivent dans cette vision puisque tous les acteurs publics, politiques et de la société civile ont été invités à faire parvenir par écrit leurs propositions de réformes et à y prendre part.

Débutés le 23 juin 2011, les débats sur les réformes politiques ont véritablement commencé le lundi 27 juin 2011 à Ouagadougou, soit cinq (05) jours après l'installation de ses membres. Sur la table des discussions figuraient les préoccupations relatives à l'instauration d'un cadre de dialogue avec des démembrements dans toutes les Régions du pays, la création d'un conseil des sages et le statut de la chefferie coutumière.

Les propositions issues des débats au terme de la session de 21 jours ont été soumises à des rencontres régionales (les 13 régions du pays) pour amendement. Les travaux de ces rencontres régionales ont fait l'objet d'appréciation au cours des assises nationales des 07, 08 et 09 décembre 2011 à Ouagadougou.

Mille cinq cents (1 500) personnes dont les représentants de la diaspora Burkinabè y ont participé. Elles se sont penchées sur les questions essentielles à l'approfondissement du processus démocratique dans notre pays.

Le renouvellement avant terme du mandat des membres de la Commission électorale nationale indépendante participe également de cette vision afin de rétablir la confiance de la classe politique à l'égard de cette institution et préparer les élections législatives et municipales couplées dans un climat apaisé et une plus grande sérénité.

D'autres mesures ont été prises par le Gouvernement en matière de gouvernance et qui sont relatives aux manifestations liées aux présentations de vœux par les institutions publiques au regard du coût que cela représente dans un contexte où la sécurisation alimentaire est une préoccupation majeure.

Aussi, le Gouvernement a-t-il décidé[2] :

- de l'interdiction d'organiser des fêtes de fin d'année et de présentation de vœux à l'exception de celle organisée à l'occasion de la présentation de vœux au chef de l'État par les corps constitués et le corps diplomatique ;

- de l'interdiction d'organiser des réceptions à l'occasion des décorations à l'exception de celle organisée le 11 décembre à la Présidence du Faso ;

- de l'interdiction formelle de commande et de distribution de cadeaux et de gadgets en fin d'année.

Ces mesures concernent aussi bien l'État central que ses démembrements.

Les fonds ainsi dégagés devront être utilisés pour l'achat de vivres au bénéfice des populations.

Toujours en matière de gouvernance, les dernières mesures prises sont issues de l'accord signé entre le Gouvernement et les organisations syndicales suite aux négociations Gouvernement-Syndicats à l'issue de près d'un mois de discussions séquencées en trois rendez-vous majeurs (4, 15 et 29 novembre 2011). Sur environ 44 points de revendication déposés sur la table des négociations, le Gouvernement a pris 23 engagements dont une augmentation générale de 5% des salaires des agents de la Fonction publique à compter du premier janvier 2012. Ce taux d'augmentation sera appliqué sur les pensions des retraités de la CARFO et de la CNSS.

Il s'est également engagé à étendre les indemnités de logement et de sujétion à tous les fonctionnaires pour compter du 1er octobre 2011 payable en décembre de la même année. Cette extension concernera environ 42 000 agents de la Fonction publique. Les engagements pris par le

---

[2] Compte rendu du Conseil des ministres n°033 du 30 novembre 2011, P 16

Gouvernement à l'issu des négociations se déclinent comme suit :

1. Étendre les indemnités de logement et de sujétion à tous les agents de la Fonction publique pour compter du premier octobre 2011 payable en décembre 2011 et procéder à la relecture de la grille indemnitaire à l'issue de l'assainissement du fichier de la solde ;

2. Augmenter pour compter du 1er janvier 2012, les salaires des agents de la Fonction publique au taux de 5% indexé à la valeur du point indiciaire ou au salaire de base ;

3. Augmenter les pensions des retraités de la CNSS et de la CARFO au taux de 5% pour compter du premier janvier 2012 ;

4. Solder les avancements de 2010 et de 2011 respectivement au 1er et au deuxième semestre de l'année 2012 ;

5. Prendre des dispositions pour rendre disponibles les nouvelles fiches d'évaluation et les contrats d'objectifs d'ici à la fin de l'année 2011 de façon à permettre l'application effective du système de notation en 2012 ;

6. Uniformiser le taux d'annuité à 2% pour tous les retraités de la CNSS pour compter du premier janvier 2o11 ;

7. Apporter son appui pour la convocation de la commission bipartite syndicats/patronat de négociations des salaires dans le secteur privé ;

8. Adopter un texte autorisant les travailleurs licenciés ayant au moins 180 mois de cotisation qui sont à moins de 5 ans de la retraite et ayant cessé toute activité salariée, à faire valoir immédiatement leur droit à pension ;

9. Relire le kiti An IV/023/CNR/DUDG portant fixation des modalités et tarifs des transports définitifs par voie terrestre en concertation avec les organisations syndicales au cours du premier trimestre 2012 ;

10. Proposer un abattement sur l'imposition des primes et les indemnités de départ à la retraite en 2012 dans le cadre du projet du code général des impôts en élaboration ;

11. Développer le transport en commun à Ouagadougou et le mettre en place dans les autres localités ;

12. Prendre un décret en 2012 portant compensation à la CNSS à 15 ans pour tous les travailleurs déflatés ayant 13 ans d'ancienneté ;

13. Suspendre les pénalités de retard de paiement des factures d'électricité et d'eau durant les périodes où des dysfonctionnements sont constatés et qui ne sont pas le fait des clients ;

14. Mettre en place une commission chargée de la réflexion sur la prise en charge des examens et soins consécutifs aux visites annuelles ;

15. Examiner conformément à la procédure législative la requête relative à l'abrogation de la loi 031-2004 du 10 septembre 2004 portant création d'un Fonds séquestre ;

16. Adopter un texte relatif à la mise en œuvre du check off pour les travailleurs du public et du parapublic ;

17. Examiner le texte relatif aux élections professionnelles qui avait été approuvé par la commission consultative du travail les 8 et 9 juillet 2010 ;

18. Confier le mandat de la mise à plat des cas d'atteintes à la liberté syndicale au comité paritaire de suivi de la rencontre Gouvernement/syndicats ;

19. Mettre en place un cadre de concertation afin de discuter des possibilités d'admission d'autres conditions d'assouplissement des prêts en faveur des travailleurs du secteur de l'économie informelle ;

20. Créer une structure spécifique centralisée pour la gestion du secteur de l'économie informelle ;

21. Organiser une rencontre de travail regroupant le comité interministériel de détermination des prix des hydrocarbures et les organisations syndicales au premier semestre 2012 autour de la structure des prix des hydrocarbures ;

22. Renforcer le contrôle régulier des établissements d'enseignement et cliniques privés et prendre des dispositions pour porter à la connaissance du grand public les établissements d'enseignement et les cliniques privés illégaux ;

23. Faire suivre particulièrement par l'administration les dossiers relatifs à la construction des bourses du travail dans les 11 régions et à la réfection des bourses du travail de Ouagadougou et de Bobo-Dioulasso.

Les deux parties ont convenu d'inscrire à l'ordre du jour de la rencontre gouvernement/syndicats de 2012 la question relative à l'accord-cadre proposé par le Gouvernement en vue du renforcement du format de la rencontre pour lui donner plus de crédibilité.

Pour les autres points, le Gouvernement marque sa disponibilité à poursuivre les réflexions et les efforts en concertation avec les organisations syndicales en vue d'y trouver des réponses appropriées.

VI. L'OFFRE DE JUSTICE COMME SOLUTION

Au cours de la conférence de presse qu'il a prononcée le 28 avril 2011, le Premier ministre a souligné le caractère spécifique des dossiers judiciaires en raison de l'exigence de l'indépendance de la justice.

En outre, il a engagé le Gouvernement à faire tout ce qui est possible pour un jugement rapide du dossier Justin Zongo et de toutes les victimes des événements de février 2011, autant que possible avant les vacances judiciaires.

Le même engagement vaut pour les dossiers de détournement dont l'instruction est bouclée et les autres dossiers dits pendants en vue de jeter les bases d'une véritable réconciliation nationale pour un nouveau contrat social.

1. Vision d'une justice nouvelle

La rupture de confiance entre gouvernés et gouvernants a amené le Gouvernement à s'orienter vers une nouvelle vision de la Justice au Burkina Faso. Il s'agira désormais d'œuvrer à restaurer la confiance des justiciables en restructurant en profondeur l'appareil judiciaire pour garantir son indépendance et son efficacité. Pour cela, il sera proposé de procéder à une relecture concertée et responsable des textes non consensuels avec toutes les parties concernées.

Un autre aspect de la mise en œuvre de cette nouvelle vision consistera à réactiver les dossiers en souffrance tant au niveau de l'Inspection générale d'État, de l'Inspection générale du ministère de l'Économie et des Finances qu'au niveau de la justice.

Dans cet esprit, il sera accordé une attention particulière à la séparation effective des pouvoirs (exécutif, législatif, judiciaire) pour une plus grande consolidation de la démocratie et de la bonne gouvernance.

2. Diligence dans le traitement des dossiers en attente

C'est la volonté de diligence dans le traitement des dossiers pendants qui a rassemblé le 24 février 2011 à Koudougou, les délégués des élèves et des étudiants, les parents d'élèves, les chefs d'établissements scolaires, une délégation du Mouvement Burkinabè des droits de l'Homme et des Peuples (MBDHP) et les autorités religieuses et coutumières pour des échanges avec le Gouvernement en vue d'une sortie de crise dans le respect de la loi.

La dynamique de l'apaisement a encore prévalu au cours d'une rencontre du Premier ministre Tertius Zongo avec une délégation d'étudiants pour l'informer des procédures judiciaires ouvertes à la suite du décès de Justin Zongo et de tous ceux qui sont morts des suites de ces malheureux événements. La logique de l'option judiciaire a guidé le Gouvernement tout au long de la gestion des conséquences des différentes manifestations en particulier celles des militaires qui ont provoqué des morts.

Pour l'affaire Justin Zongo, le Procureur du Faso près le Tribunal de grande instance de Ouagadougou a rencontré la presse le 26 mai 2011 pour informer l'opinion de l'évolution des procédures judiciaires de l'affaire Justin Zongo et autres.

En dépit des difficultés liées au recueil de témoignages, l'engagement sur ce dossier a été tenu et le procès s'ouvrit le 22 août 2011 et le lendemain 23 août la Cour condamna Narcisse Roger Kaboré à 8 ans de prison ferme. Les deux autres policiers, Nébié Bélibi, Bèma Fayama, tous assistants écopent chacun de 10 ans d'emprisonnement ferme.

Le Premier ministre Luc Adolphe Tiao en avait pris l'engagement et la justice fit diligence autour de divers dossiers :

- le 28 avril 2011, les assises sur les dossiers de crimes économiques se sont également ouvertes le 14 juin 2011 à Ouagadougou pour connaître d'affaires de gestion de biens publics. Entièrement consacrée au jugement aux affaires de crimes économiques, cette neuvième session de la chambre criminelle de la Cour d'appel de Ouagadougou juge 15 accusés, pour 12 cas de crimes économiques évalués à 400 millions de F CFA. Le cas le plus grave fut jugé le 17 juin 2011 et est relatif à un détournement de plus de 300 millions de F CFA au sein de l'Office national du commerce extérieur (ONAC).

- Le 17 juin 2011, la chambre criminelle de la Cour d'appel de Bobo-Dioulasso condamnait à son tour, deux policiers à une peine de cinq ans d'emprisonnement ferme, pour le décès en juillet 2010 de Arnaud Somé, qui trouvait la mort après son interpellation par la police pour détention de cannabis. À l'époque, la population avait créé des émeutes sur plusieurs jours et il aura fallu l'intervention de l'armée et de la gendarmerie pour remettre de l'ordre dans la ville.

La seule tenue de ces assises est l'affirmation d'une volonté de transparence, de rigueur dans la gestion et d'observance des règles de bonne gouvernance.

VII. Les mesures indemnitaires et les prêts à faible taux d'intérêt

1. Les mesures urgentes

Les manifestations des militaires ont causé des blessés et morts par balles perdues, d'énormes dégâts matériels et donné lieu à des pillages de biens privés, à Ouagadougou comme à Bobo Dioulasso, dans les domiciles, mais aussi dans les commerces avec de graves conséquences sur l'activité économique.

Dès le 22 mars 2011, au lendemain des premiers actes de vandalisme à Ouagadougou, le Gouvernement rencontre les commerçants et annonce des mesures d'indemnisation sur la base de constats d'huissier, de gendarmerie ou par tout autre moyen permettant de vérifier la sincérité des déclarations.

Les montants, les mécanismes et modalités de règlements sont fixés en concertation avec les représentants des commerçants et la Chambre de commerce.

En attendant les indemnités, le Gouvernement décide d'apporter un soutien financier aux victimes du secteur du petit commerce par le biais du Fonds d'appui au secteur informel (FASI) et sous forme de prêts remboursables à 4%

de taux d'intérêt, afin de leur permettre de reprendre au plus vite leurs activités.

Pour bénéficier des prêts, les demandeurs doivent se rendre dans des guichets ouverts à cet effet pour apporter les preuves qu'ils ont été victimes de casses et qu'ils mènent effectivement une activité commerciale.

Ainsi 525 dossiers ont été examinés et la somme prêtée est comprise entre 50 000 FCFA et 5 000 000 FCFA.

Le 4 avril 2011 les premiers chèques à titre de prêts sont remis aux bénéficiaires qui, dans leur majorité, ont reconnu et salué les efforts du Gouvernement.

Les demandes de prêts des commerçants du secteur formel, victimes des casses sont traitées par le Fonds burkinabè de développement économique et social (FBDES), pour des montants supérieurs à 5 000 000 F CFA.

Le gouvernement a aussi pris en charge au niveau des formations sanitaires les personnes blessées à l'occasion des manifestations de militaires tant à Ouagadougou qu'à Bobo-Dioulasso.

2. Les indemnisations au terme de la crise

Suite aux premières mesures d'urgence, une commission d'indemnisation des victimes des mutineries et autres manifestations fut mise en place. Il faut rappeler que ces manifestations ont occasionné des pertes en vies humaines et des dégâts matériels importants.

Les victimes, dont les montants des pertes subies n'excédaient pas un million cinq cent mille (1 500 000) F CFA ont bénéficié d'une indemnisation directe dans la phase d'urgence citée plus haut.

Pour compléter le dispositif, le Gouvernement va mettre en place une commission chargée de l'indemnisation des autres victimes. Au terme des travaux de cette commission, mille cent cinquante-neuf (1 159) dossiers ont été examinés pour des indemnités financières d'un montant de cinq milliards six cent douze millions trois cent vingt mille trois cent quatre-vingt-dix-sept (5 612 320 397) F CFA.

De même, de nouvelles mesures pour la baisse des prix des produits de grande consommation ont été prises. Ces mesures font suite à celles décidées en mai dernier pour une durée de trois (03) mois et qui visaient à mettre en œuvre des actions concrètes pour un apaisement du climat social du fait de la hausse excessive des prix des produits de grande consommation.

Le bilan de la mise en œuvre des mesures prises en mai dernier fait par le Cadre de concertation tripartite administration/société civile/secteur privé, a abouti aux constats suivants :

- l'arrêt de la très forte poussée inflationniste des produits de consommation courante ;

- le non-respect des mesures de fixation des prix par certains commerçants bénéficiaires de la subvention et/ou de la compensation des stocks résiduels ;

- l'insuffisance de l'offre des produits concernés par les mesures de baisse de prix, exception faite du sucre granulé ;

- l'insuffisance des moyens mis à la disposition des structures en charge de la réglementation, de la surveillance et du contrôle des prix de la concurrence ;

- les moyens limités de la **SONAGESS** ne lui ayant pas permis la couverture optimale du territoire national.

Les nouvelles mesures concernent :

- la poursuite de la réglementation des prix des produits de grande consommation sur la base d'une liste élargie : une liste de produits de grande consommation dont les prix seront désormais fixés ainsi que les nouvelles modalités de fixation de ces prix ont été adoptées ;

Il en est de même des nouveaux prix de produits comme le riz de production nationale, le ciment, la farine de froment et le pain ;

- l'intensification des opérations de contrôle et leur extension à l'ensemble du territoire national tout en veillant à renforcer les capacités opérationnelles des services concernés ;

- l'approvisionnement régulier du pays en principaux produits de grande consommation.

VIII. LE RECOURS LÉGITIME À LA FORCE

Les fracassantes sorties de militaires à Ouagadougou et à Bobo-Dioulasso avaient fini par irriter les citoyens qui exprimaient de plus en plus bruyamment leur ras-le-bol et s'interrogeaient finalement sur la réalité de l'autorité de l'État tant le laisser-faire semblait le mode de gestion de la crise.

Cette approche a convaincu de ses limites parce qu'elle faisait appel au sens de responsabilité de personnes qui visiblement en manquaient et dont les revendications étaient illisibles au fil des jours et les actes d'une violence inqualifiable.

Des initiatives d'autodéfense ont commencé à prendre corps tel que le Mouvement citoyen contre les brutalités militaires (MCCBM) dont on peut comprendre la naissance et en redouter les conséquences qui sans aucun doute auraient pu entraîner une scission du pays ou à tout le moins une sérieuse perturbation de la cohésion nationale.

L'enfer que les populations de Bobo-Dioulasso ont vécu du 31 mai au 2 juin 2011 de nuit comme de jour autorisait d'engager des actions vigoureuses qu'aucun esprit rationnel ne peut récuser.

C'est ainsi que le chef d'état-major général des Armées, dans un communiqué datant du 3 juin 2011, porta à la connaissance du public ce qui suit :

« Depuis la nuit du 22 mars 2011, des groupes de militaires au motif de revendications diverses s'adonnent à des manifestations violentes caractérisées par des tirs à l'arme de guerre, des actes de pillages, de vandalisme, de vols et de viols.

À l'issue de son discours à la Nation du 30 mars 2011 et dans un esprit de dialogue et d'apaisement, le chef de l'État, chef suprême des Forces armées nationales, a rencontré les militaires du rang et les sous-officiers le 31 mars 2011 et les officiers le 1er avril 2011 pour échanger sur leurs préoccupations.

Une suite favorable a été donnée à la plupart des doléances le 29 avril 2011 à cette occasion, les personnels militaires des Forces armées nationales ont fait part de leurs satisfactions et ont déclaré la fin des manifestations.

Du 04 au 29 mai 2011, le chef d'état-major général des Armées a effectué une tournée dans les garnisons afin de restaurer l'ordre et la discipline au sein des forces armées nationales. La date limite de réintégration des munitions et armes de guerre indûment détenues par certains avait été fixée au 31 mai 2011.

Malheureusement, alors qu'il semblait acquis que le calme était revenu, des militaires n'ont pas respecté leurs engagements, comme en témoignent les mutineries dans plusieurs autres garnisons dont celle débutée dans la nuit du 31 mai au 1er juin 2011 à Bobo-Dioulasso.

Face à ces comportements irresponsables et répréhensibles défiant toute autorité, le commandement, en exécution de la réquisition complémentaire spéciale du Premier ministre en date du 1er juin 2011, a décidé d'une opération militaire de rétablissement de l'ordre dont le but est d'empêcher par la force incluant l'usage des armes, tout tir solitaire ou en groupe, tout acte de pillage ou de vandalisme de la part des éléments militaires mutins au sein des différentes garnisons du Burkina Faso.

À cet effet, une opération de sécurisation de la ville de Bobo-Dioulasso est en cours depuis le 02 juin 2011 et se poursuivra jusqu'au rétablissement total de l'ordre et de la quiétude.

Toute personne appréhendée dans ce cadre s'expose aux rigueurs de la loi.

Le chef d'état-major général des Armées invite la population de Bobo-Dioulasso à observer strictement les dispositions prises par les autorités militaires et à les tenir informées de tout acte malveillant ».

Général de Brigade Nabéré Honoré Traoré
Officier de l'Ordre national

Le lendemain 4 juin 2011, ce fut le tour du Gouvernement de publier une déclaration liminaire dans ce sens :

Déclaration liminaire du Gouvernement à l'occasion du point de presse du 04 juin sur les événements de Bobo-Dioulasso

« Dans la nuit du 31 mai au 1er juin 2011, des militaires de la Garnison de Bobo-Dioulasso, après avoir cassé un magasin d'armes et de munitions ainsi que d'habillement, sont entrés en ville et ont procédé à des pillages. Ils s'en sont pris à des personnes privées en dévalisant leurs coffres-forts et en tenant la ville sous la menace de leurs armes 48 heures durant, la prenant ainsi en otage.

Durant toute cette crise, les autorités ont privilégié l'écoute, la concertation et fait preuve de patience et de retenue, convaincues que les valeurs de dialogue qui ont toujours caractérisé notre pays ramèneraient la raison et le respect des engagements réciproques.

Mais, face à l'intransigeance des mutins et prenant en compte les atteintes graves à l'ordre public susceptibles de dégénérer en une situation incontrôlable, Son Excellence monsieur le Premier ministre, par une réquisition complémentaire spéciale, a requis le chef d'état-major général des Armées en vertu de la loi, pour rétablir l'ordre, en empêchant par la force, incluant l'usage des armes le cas échéant, tout tir solitaire ou en groupe, tout acte de pillage ou de vandalisme de la part des éléments militaires mutins au sein des différentes garnisons du Burkina Faso.

Sur la base de cette réquisition complémentaire spéciale, le haut commandement militaire a constitué un groupement d'intervention composé d'éléments du Régiment para commando (RPC) de Dédougou, de la Gendarmerie mobile et du Régiment de sécurité présidentielle.

Ce groupement d'intervention robuste et hautement qualifié a mis fin aux activités des mutins dans la mi-journée du 03 juin 2011.

Le bilan encore partiel s'établit comme suit :

Sur le plan humain, on déplore :

- six militaires tombés dans l'enceinte du camp militaire Ouezzin Coulibaly ;
- une jeune fille tuée par balle perdue au secteur n° 06 de Bobo-Dioulasso ;
- vingt-cinq civils blessés (hors de danger) ;
- huit militaires blessés.

La hiérarchie militaire est en ce moment à Bobo-Dioulasso pour présenter les condoléances aux familles éplorées et apporter son réconfort aux blessés.

Sur le plan matériel :

- un lot important d'armes collectives et individuelles ont été récupérées ;
- un lot important de biens volés ont été saisis.

Les opérations de ratissage se poursuivent avec l'aide des populations. Des mutins ont été arrêtés dont certains à Bobo et d'autres en partance sur Ouagadougou et Kaya tandis que ceux qui sont en fuite sont activement recherchés.

La sécurisation de la ville de Bobo-Dioulasso qui est en cours depuis le 02 juin 2011 se poursuivra jusqu'au rétablissement total de l'ordre et de la quiétude.

Cette intervention s'inscrit dans une optique républicaine, car, l'Armée à travers certains de ses éléments indisciplinés ne doit pas devenir dangereuse pour les populations ni désobéir à l'État.

Soumise à la loi, elle n'a pas vocation à imposer la sienne propre. Elle doit au contraire être pour la société une épée qui la défende, et non un poids qui l'écrase. Profondément attachée à ses devoirs, l'armée doit rester en toutes circonstances le défenseur de l'ordre social. »

L'opération de désarmement des militaires du camp Ouezzin Coulibaly en rupture de ban avec l'Armée burkinabè pour en avoir foulé au pied toutes les valeurs cardinales était plus que salutaire.

L'accueil que les populations de Sya ont réservé à cette intervention illustre éloquemment sa justesse et son opportunité parce l'envisager plus tard aurait été trop tard.

Ce désarmement a été un signal fort qui a sonné la fin du désordre, amorcé la restauration de l'autorité de l'État et ramené la sécurité et la sérénité à Bobo-Dioulasso et dans le reste du pays.

Si c'était à refaire, dans les mêmes conditions, c'est assurément sans hésitation ce qu'il faut entreprendre face à la déraison de personnes qui ont perdu tout sens du devoir et de l'honneur militaire.

Après, l'intervention du 23 juin qui a mis fin à la mutinerie de Bobo-Dioulasso, l'arrestation et les poursuites judiciaires contre les mutins, ce serait 566 personnes, issues de différentes garnisons du pays, qui ont vu leurs contrats d'engagement résiliés et qui se trouvent radiés de l'Armée burkinabè.

La hiérarchie militaire fit une conférence de presse au cours de laquelle le Général Honoré Nabéré Traoré déclina la Déclaration liminaire qui suit, le jeudi 14 juillet 2011,

« Mesdames et Messieurs les Journalistes,
Je voudrais tout d'abord saluer la présence des différents organes de presse de notre pays à cette conférence et leur adresser mes sincères remerciements.
La circonstance qui nous vaut de nous rencontrer aujourd'hui est liée aux récentes mutineries qui ont essaimé les différentes garnisons de notre pays et au cours desquelles des militaires se sont illustrés de manière négative, portant un coup sérieux aux liens Armée-Nation.
Je voudrais encore une fois, présenter mes condoléances aux parents de toutes les victimes, pour ces pertes que nous ne cesserons de déplorer, exprimer ma compassion à l'endroit des blessés et formuler de manière générale mes sincères regrets à l'endroit de toutes les victimes ainsi que des populations qui ont vécu dans la peur et l'angoisse durant ces moments difficiles.
Mesdames et Messieurs,
Il vous souviendra que durant toute cette crise, les autorités au premier rang desquelles se trouve le président du Faso, chef suprême des Forces armées nationales (FAN), ont privilégié l'écoute et le dialogue. Elles ont fait preuve de patience et de retenue pour trouver une issue pacifique à ces manifestations contraires aux lois de la République, au statut des personnels des FAN au Règlement de discipline générale en vigueur et à l'éthique professionnelle militaire.
Malgré ces bonnes dispositions de la hiérarchie, des groupes de militaires se sont montrés intraitables et imperméables à toute idée pacifique. Ils se sont ainsi livrés à des actes d'une rare violence caractérisés par des vols et pillages, des destructions de biens publics et

privés au préjudice de l'Armée, de l'État et des populations, particulièrement à Ouagadougou et Bobo-Dioulasso où lesdites villes ont été prises en otages.

Face aux dérapages attentatoires à l'ordre public et en exécution de la réquisition complémentaire spéciale n0 2011-001/PM du 1er juin 2011 de Son Excellence Monsieur le Premier Ministre, le Commandement a déféré à l'instruction de rétablir l'ordre en vertu de la loi.

Ainsi un Groupement d'intervention constitué d'unités provenant du Régiment para commando (RPC) de Dédougou, de la Gendarmerie mobile et du Régiment de sécurité présidentielle a mis fin aux activités des mutins de Bobo-Dioulasso dans la mi-journée du 03 juin 2011.

Mesdames et Messieurs,

Les FAN ne pouvaient laisser impunis des actes déshonorants, contraires à l'éthique et à la déontologie du métier des armes. L'Armée nationale ne peut tolérer des actes de vandalisme, l'utilisation du matériel militaire à des fins autres que la défense de la Nation et de l'intégrité du territoire. Rien ne justifie de prendre les armes pour des revendications corporatistes. Rien ne peut justifier non plus surtout que le militaire retourne son arme contre les populations qu'il doit défendre en tout temps et en tous lieux ; ces vaillantes populations qui lui donnent gîte et couvert, habillement et solde, ainsi que l'arme avec laquelle elles ont été menacées et spoliées.

Des enquêtes ont été diligentées dans toutes les garnisons. Certaines sont toujours en cours tandis que d'autres ont déjà été bouclées. Des poursuites judiciaires sont actuellement engagées contre 217 militaires déjà déférés à la MACA et à la MACO.

Une réunion de commandement élargie s'est penchée le jeudi 23 juin 2011 sur le cas des militaires indisciplinés. Prenant acte des résultats des enquêtes ayant abouti, l'ensemble de la hiérarchie militaire a proposé la résiliation du contrat d'engagement de cinq cent soixante-six (566) militaires pour les fautes de deuxième catégorie qui sont :

Les fautes contre l'honneur, la morale, la probité et les devoirs généraux du militaire avec incitation au désordre. Sont donc concernés par la mesure : 362 de l'Armée de Terre, 142 du Groupement central des Armées et 62 de l'Armée de l'Air.

Conformément aux dispositions du statut des personnels des FAN, certains militaires de carrière concernés par ces actes d'indiscipline feront l'objet d'une procédure administrative appropriée.

Les mesures disciplinaires entrainant la sanction statutaire de résiliation du contrat d'engagement sont conformes à l'article 91 du Statut général des personnels des Forces armées nationales qui stipule : « Certaines fautes jugées particulièrement graves par le commandement peuvent, sur décision d'office du ministre chargé des armées, après proposition du chef d'état-major général des armées, entraîner les sanctions énumérées dans les articles 88, 89 et 90 ».

Lesdits articles sont relatifs à la résiliation du contrat et à la radiation avec versement des droits légaux.

Mesdames et Messieurs,

La répétition du phénomène des mutineries de plus en plus rapprochées dans le temps : 1978, 1999, 2006 et 2011, avec un mode opératoire de plus en plus violent, constitue une source d'inquiétude et un problème majeur autant pour la démocratie que pour l'institution militaire elle-même.

La conscience nationale est interpellée au regard des effets induits des revendications qui sont la déstructuration de l'équilibre social et la fragilisation de l'économie.

Les sanctions disciplinaires régulières appliquées aux personnels militaires fautifs servent d'exemples.

Elles constituent un signal fort à l'attention de la communauté nationale quant à la ferme volonté des Forces armées nationales de demeurer toujours une armée républicaine respectueuse des lois et intimement liée à la Nation.

De par leur valeur éducative, elles contribuent au renforcement de la cohésion et à la réaffirmation de l'unité de pensée et d'actions de notre outil commun de défense. Quelques personnes irresponsables, sans vocation militaire réelle, ne doivent pas en imposer à l'institution. C'est pour ce faire que les punitions dont il s'agit doivent être comprises dans toute leur rigueur.

La punition redresse la conduite et sanctionne l'oubli du devoir. Pour ancienne qu'elle soit, cette maxime purement militaire n'en demeure pas moins l'un des principes cardinaux de l'institution militaire.

Je vous remercie. »

Le gouvernement reprenait ainsi la main définitivement dans la gestion de la crise, pour ce qui est de sa phase militaire. Ce qui suivra, sera de manière républicaine, le traitement procédurier d'un dossier judiciaire et administratif. Il n'y a plus de désordre dans l'armée... Ouf !

CHAPITRE IV

LES DÉFIS ET PERSPECTIVES

Du 22 février à ce jour, le Burkina Faso a vécu cette crise sans fatalisme, avec la conviction qu'il est toujours possible d'engager des concertations pour des solutions consensuelles en vue de faire face aux difficultés qui surviennent dans la vie des peuples et dans l'histoire des nations.

Le Gouvernement, avec l'implication de tous les acteurs politiques et de la société civile de notre pays, a réussi à garder la maîtrise des événements.

Ce faisant, les comportements individuels et collectifs ont retrouvé de plus en plus de calme, de sérénité et de citoyenneté.

Afin de juguler totalement et définitivement la crise, le Gouvernement, envisage de fonder sa gouvernance sur l'observance d'un certain nombre de valeurs avec le souci de toujours privilégier l'intérêt général, réduire les inégalités et mieux redistribuer les fruits de la croissance.

Des plans, programmes, documents de politiques existent et offrent l'orientation et la vision nécessaires pour relever les défis du futur.

À ce titre, on peut citer :

- l'étude prospective « Burkina Faso 2025 » ;

- la Stratégie de croissance accélérée et de développement durable (SCADD) ;

- le Plan d'action du Gouvernement pour l'émergence et le développement durable (PAGEDD) ;

- le Schéma national d'aménagement du territoire (SNAT) qui sera adopté en 2011 ;

- le Code général des collectivités territoriales ;

- les plans et politiques sectorielles ;

- le rapport du collège des sages ;

- le rapport du Mécanisme africain d'évaluation par les pairs (MAEP) ; etc.

Les défis futurs reposent sur la vision de faire de la crise le terreau favorable à des actions audacieuses, en vue de métamorphoser la gouvernance au Burkina Faso pour la rendre plus opérationnelle, efficace et performante.

La crise se révèle être finalement comme un accélérateur inattendu pour impulser des transformations majeures et, comme un facteur démultiplicateur de nouvelles initiatives d'accélération de l'essor économique et du renforcement de la démocratie au Burkina Faso.

I. LES RÉFORMES POLITIQUES ET INSTITUTIONNELLES

Le processus de réformes est la mise en œuvre d'une initiative du président du Faso qui, dans son message à la Nation, prononcé à Ouahigouya, à l'occasion de la commémoration du 49ème anniversaire de la fête nationale le 11 décembre 2009, invitait « l'ensemble des citoyens à approfondir les réflexions sur les réformes politiques indispensables à l'enracinement, dans notre société, des valeurs de démocratie et de citoyenneté responsable ».

En janvier 2011 un département ministériel en charge des Réformes a été créé et le titulaire du portefeuille élevé au rang de ministre d'État à la faveur du remaniement de crise du 21 avril 2011.

Le 10 mai 2011, le Gouvernement adopte le décret n°2011-262/PRES/PM/MPRP portant création, attributions, composition et fonctionnement du Conseil consultatif sur les réformes politiques (CCRP) avec pour missions d'organiser et coordonner le processus du dialogue politique sur les réformes politiques et institutionnelles.

En exécution de ses attributions, d'avril à juin 2011 par voie de presse et par campagne de courriers, le ministère chargé de cette mission historique, invitait toutes les catégories institutionnelles et sociopolitiques, à faire des propositions de réformes et à désigner leurs représentants pour siéger au CCRP.

Le Gouvernement adopte le 15 juin 2011, le décret n°2011-393/PRES/PM/MRPRP, portant nomination des membres du CCRP, conformément aux propositions des structures qui le composent ainsi qu'il suit :

- 17 représentants de la majorité ;
- 16 représentants des partis politiques de l'opposition ;
- 17 représentants de la société civile ;
- 18 représentants des communautés coutumières et religieuses.

La session du Conseil consultatif sur les réformes politiques (CCRP) s'ouvre le jeudi 23 juin 2011 à Ouagadougou avec, l'installation officielle de ses membres par le Premier ministre, Beyon Luc Adolphe Tiao en présence de présidents d'institutions, de membres du Gouvernement, et du corps diplomatique.

Le CCRP doit être perçu comme « un véritable cadre de dialogue, de négociation et d'arbitrage (…), un espace idéal de l'élargissement de la réflexion, de la concertation et de débats contradictoires sur des sujets aussi divers que variés présentant un grand intérêt pour la consolidation de notre jeune démocratie. »

C'est bien dans cet esprit que le Premier ministre Beyon Luc Adolphe Tiao a inscrit ce processus qui vise à :

- élargir les bases du dialogue démocratique par la création de nouveaux espaces d'expression ;

- renforcer l'équilibre entre les pouvoirs exécutif, législatif et judiciaire ;

- relire les textes et examiner le fonctionnement des institutions régissant les consultations électorales afin de garantir des élections libres, transparentes et équitables ; et,

- analyser toutes les préoccupations de politiques sectorielles de développement et de renforcement de la gouvernance globale.

À la clôture des travaux le 14 juillet 2011 Son Excellence Beyon Luc Adolphe Tiao, Premier ministre indiquait que seules les propositions consensuelles seront immédiatement mises en œuvre alors que la réflexion se poursuivra sur les autres.

Le 21 juillet, les résultats des travaux ont été officiellement remis au chef de l'État, Son Excellence Blaise Compaoré, président du Faso.

À la fin des travaux, la classe politique dans sa grande majorité s'est félicitée des conclusions des travaux et a multiplié les tournées d'explication dans les régions, un exercice auquel se sont également livrés les partis politiques et les représentants de la société civile qui n'ont pas pris part aux assises dans le but de continuer à justifier leur attitude et minimiser la portée des réformes proposées.

La seconde étape du processus a été la restitution des conclusions des travaux aux acteurs sociopolitiques des régions, aux fins de recueillir leurs suggestions, propositions et éventuels amendements.

Le processus dans sa phase de concertation a connu son couronnement les 7, 8 et 9 décembre 2011 à Ouagadougou avec la tenue effective des assises nationales sur les réformes politiques.

Mille cinq cents (1500) représentants de partis politiques, de la société civile, des communautés traditionnelles, religieuses et de la diaspora ont été conviés aux travaux.

Le Pays marque ainsi sa ferme volonté à redéfinir son devenir en se fondant sur les facteurs et les équilibres du corps social. Mais au-delà des réformes, il s'agit de poser et de résoudre la question globale de la gouvernance sous tous les aspects.

II. LA NÉCESSAIRE AMÉLIORATION DE LA GOUVERNANCE

Les réformes envisagées dans le cadre du CCRP visent à apporter le ciment institutionnel nécessaire pour de nouvelles options de politiques publiques.

Ces réformes doivent être portées par une nouvelle gouvernance fondée sur les axes suivants :

- La légalité et l'autorité de l'État ;

- Le principe de la primauté du droit ;

- La prise en charge des couches les plus démunies à travers des filets sociaux.

- Une administration publique comptable de ses actes, plus efficace, soucieuse de la qualité du service public, de la mobilité à la tête des entreprises étatiques et des directions de l'administration publique ;

- La lutte contre la gabegie.

III. LA QUESTION SPÉCIFIQUE DE LA JUSTICE, DE LA LUTTE CONTRE L'IMPUNITÉ ET DE LA LUTTE CONTRE LA CORRUPTION

Les défis à ces trois niveaux doivent permettre d'engager les actions suivantes :

- Corriger les préjugés négatifs sur la justice ;

- Restaurer l'indépendance de la justice et l'armer contre les dérives de toutes natures ;

- Débarrasser le système judiciaire de la corruption, de la lenteur et de la bureaucratie.

IV. LE DÉFI DE L'ORDRE, DE LA SÉCURITÉ ET DE LA PAIX SOCIALE

Des mesures énergiques s'imposent à cet égard et doivent porter sur les points suivants :

- La nécessaire réorganisation des forces de défense et de sécurité ;

- La définition du profil du militaire de la nouvelle armée ;

- La définition de nouveaux contenus de la formation ;

- L'institution d'une nouvelle approche communicationnelle.

V. LES DÉFIS DE LA CROISSANCE, DE LA PRODUCTION ET DE L'APPROVISIONNEMENT DU MARCHÉ

Les défis à cet égard portent sur les actions ci-dessous :

- Créer un environnement attractif et sécurisé pour les investissements ;

- Maîtriser les coûts des facteurs de productions (électricité, eau, hydrocarbures) ;

- Consolider la politique minière ;

- Définir des profils adaptés pour une formation qui réponde aux besoins des entreprises ;

- Assurer un approvisionnement en qualité, en quantité et à coûts accessibles des produits de première nécessité ;

- Accroître la production céréalière notamment le riz ;

- Assurer une plus grande maîtrise de l'eau pour la production de contre-saison ;

- Relever le défi de l'autosuffisance en production d'huile et de savon ;

- Maîtriser définitivement le coût du sucre ;

- Assurer un meilleur approvisionnement en ciment et autres matériaux de construction à des coûts accessibles.

VI. LES DÉFIS DES FILETS SOCIAUX

Le soutien aux catégories sociales les plus démunies doit se concrétiser par l'élaboration et la mise en œuvre d'une politique fondée sur un socle de protection sociale selon les axes et les programmes suivants :

- La sécurité alimentaire ;

- L'accès à l'éducation ;

- L'accès à la santé ;

- L'accès à l'eau potable ;

- La sécurité d'un revenu minimum.

VII. LES DÉFIS DU SECTEUR DE L'ÉDUCATION ET DE LA FORMATION

L'éducation et la formation requièrent des actions fortes pour créer les conditions d'une production compétitive dans tous les secteurs économiques.

En la matière, les défis doivent viser à accélérer le développement de l'éducation de base ainsi que de la formation professionnelle et à en améliorer la qualité au moyen des activités ci-après :

- Accroître l'offre éducative ;

- Améliorer la qualité, la pertinence et l'efficacité de l'éducation ;

- Réduire les disparités entre genre, régions et origines socio-économiques ;

- Développer les capacités de pilotage, de gestion et d'évaluation des structures en charge de l'éducation ;

- Normaliser le dispositif national de formation professionnelle et des curricula de formations ;

- Assurer l'accès du plus grand nombre de burkinabè à la formation professionnelle ;

- Mettre en place un dispositif de financement efficace et durable de la formation.

VIII. LE DÉFI DE LA MODERNISATION DE L'ADMINISTRATION

La modernisation de l'Administration est un impératif incontournable pour combler les insuffisances au triple plan organisationnel, opérationnel et comportemental en vue de produire des biens et services de qualité.

La modernisation sera portée par les orientations suivantes :

- l'amélioration de l'accessibilité de l'administration publique à l'ensemble des usagers ;

- la répartition équitable des ressources et le partage des responsabilités entre le niveau central et le niveau local ;

- l'instauration d'une culture de résultat et d'obligation de rendre compte au sein de l'administration publique ;

- le pilotage du développement socio-économique selon les priorités nationales ;

- la création de conditions favorables pour permettre aux autres acteurs de participer au développement.

Conclusion

Au terme de la revue des faits et événements de l'année 2011 et à l'analyse, on peut retenir que les principales raisons de la crise peuvent se résumer ainsi qu'il suit :

- faiblesses de la gouvernance,

- pauvreté,

- insuffisance de la communication et du dialogue citoyen,

- déphasage structurel entre les institutions de l'État et les attentes citoyennes.

En effet, dans un contexte de croissance économique continue depuis une dizaine d'années, à la faveur d'une stabilité politique légendaire, les citoyens n'admettent plus un certain niveau de pauvreté et une fracture sociale et dénoncent une justice qui à leurs yeux ne contribue pas à réparer les torts.

Confronté à une croissance démographique accélérée due entre autres aux efforts en matière de santé de la reproduction et aux effets des migrations, le Burkina Faso se doit d'opérer les réformes structurelles nécessaires à porter les grands défis de son émergence.

Déjà, des réponses appropriées sont offertes dans le programme quinquennal 2010-2015 du président Blaise Compaoré.

Pour le quinquennat 2010 - 2015, Blaise Compaoré invite le peuple burkinabè à la construction d'une société prospère, optimiste, volontariste et à contribuer à l'avènement d'un pays économiquement émergent. Ce programme quinquennal 2010 – 2015 a pour objectif d'ouvrir les portes de l'avenir en fixant un véritable agenda pour l'émergence. Il se décline en cinq grands chantiers :

1- L'accroissement de la production économique par l'organisation de pôles de croissance et de compétitivité ;

2- L'investissement massif dans les ressources humaines et le développement social ;

3- L'aménagement du territoire urbain par une modernisation maîtrisée et une plus forte valorisation des terres rurales ;

4- L'impulsion d'une nouvelle dynamique de promotion de tous les secteurs de la culture ;

5- L'insertion de notre pays dans le temps mondial à travers une diplomatie résolument engagée pour la paix, l'intégration africaine et la coopération internationale.

Dans ce programme quinquennal, le président du Faso dessine les contours des leviers de l'émergence pour notre pays :

« Une économie émergente est une économie capable d'attirer durablement les flux d'investissements directs.

Les enjeux pour les années à venir consistent à faire du Burkina Faso un pays émergent, reposant sur des facteurs déterminants, tels que la qualité des ressources humaines et des institutions, la consolidation de la démocratie, la consistance de son économie notamment sa capacité à s'adapter aux chocs exogènes.

Dans ce sens, les réformes engagées doivent être renforcées pour faire du Burkina Faso un pôle d'attraction des investissements, qui garantit un niveau élevé de croissance économique et qui s'intègre avec succès dans l'économie régionale et mondiale grâce à ses capacités d'exportation. Il convient donc de veiller à satisfaire aux principaux critères ci-après :

* la stabilité politique et sociale, la promotion d'une administration publique compétente, intègre et prévisible qui s'appuie sur un système juridique et judiciaire crédible, à même d'assurer l'application de la loi dans l'équité et la transparence ; * une gestion saine et dynamique des finances publiques, la mise en place d'un système d'incitations de qualité (fiscalité, terrains et bâtiments industriels, politique agricole, etc.) ; * la libéralisation des activités économiques et des prix, ainsi que la mise en place d'un cadre réglementaire efficace, de manière à supprimer les positions de rente et à consacrer une compétition et une concurrence saines ; * l'ouverture de l'économie sur l'extérieur, par la libéralisation des échanges et la construction de grands marchés intégrés avec les pays voisins, et l'encouragement des investissements étrangers par la levée des barrières qui les entravent ; * la capacité à générer une forte épargne locale et la disponibilité d'un bon système bancaire et financier local, régulé par des instances de supervision efficaces et capables de faire une allocation optimale des ressources. Le corollaire en est la transparence et la fiabilité des informations économiques, permettant l'évaluation correcte des performances et des potentialités des entreprises ; * la capacité à absorber et à adapter les nouvelles technologies, notamment les TIC ; la répartition équitable des fruits de la croissance ; * l'existence de bonnes infrastructures et d'un bon système de télécommunications ; la recherche permanente du consensus national sur les grandes orientations de gestion du pays. »

En somme, le futur du Burkina Faso se réalisera au fur et à mesure de la mise en œuvre des orientations définies dans le programme quinquennal du président Blaise Compaoré, selon un processus qui permet :

- de faire émerger un agenda de développement auquel adhère la majorité de la population : cet agenda existe à travers la SCADD et le PAGEDD et s'inscrit dans le Programme du Chef de l'État ;

- de créer les conditions d'un dialogue franc et durable entre toutes les composantes de la société ;

- de mettre en œuvre les réformes politiques et institutionnelles nécessaires... ;

- de coordonner clairement l'action des différentes composantes de l'État et des collectivités territoriales ;

- de définir les outils d'évaluation des politiques publiques et ceux de leur correction ;

- d'avoir une justice indépendante, clairvoyante et diligente à même de compenser les défaillances et lacunes de fonctionnement, et qui soit un véritable recours pour taire tout conflit.

Les acteurs sont unanimes et le souci de la préservation de la paix a prévalu. Mais il faut veiller sur cette paix en termes de perspectives fortes de développement humain durable, de croissance économique, d'éducation, de création d'emplois, de justice sociale et de solidarité.

Nous sommes au commencement d'un nouveau mandat présidentiel et le peuple burkinabè à tout le temps pour montrer son génie aux fins de meilleurs bilans futurs.

Ouagadougou le 10 décembre 2011

Table des matières

Dédicaces 7
Remerciements 9
L'équipe de rédaction 11
Préface 13
Avant-propos 17

Introduction
Le Burkina Faso, profil d'un État en pleine évolution 21

Chapitre premier
Chroniques des évènements 27

Chapitre II
Expressions citoyennes et attitudes politiques face à la crise 49
   I. Élèves, étudiants et exigence de justice et vérité 49
   II. Mutineries des hommes en armes 52
   III. Colère des commerçants victimes des mutineries 56
   IV. Fronde du pouvoir judiciaire 57
   V. Attitude des acteurs politiques 57
   VI. Les medias et la crise 59
   1. Les attaques et agressions morales subies par les médias 59
   2. Des manquements à l'éthique et à la déontologie sont aussi observés du côté de la presse 60
   3. La contribution de l'exécutif 61
   4. Les actions du Conseil supérieur de la communication 61
   VII. Sursaut de gestes de paix 62
   VIII. Impacts de la crise 65

Chapitre III
Approches et gouvernance de la crise 77
   I. Les initiatives du président du Faso 77
     1. Le discours à la nation du président du Faso 78
     2. Les concertations du Chef de l'État avec les forces vives...... 81
     3. La nomination d'un nouveau gouvernement........................ 83
   II. Les mesures gouvernementales du 28 avril 2011 84
     1. Au plan social 84
     2. Au plan économique 85
     3. Au plan de la justice et de la sécurité................................... 86
   III. La communication.. 87
     1. La communication gouvernementale par les médias 88
     1.1. Le point de presse hebdomadaire 88
     1.2. Le Numéro vert 88
     1.3. Les chroniques écrites du Gouvernement 89
     1.4. La production d'émissions audiovisuelles 90
     1.5. Le plan d'intervention dans les médias privés 90
     2. L'offre continue de dialogue et de concertation 90
     2.1. Les missions gouvernementales dans les 13 régions........... 91
     2.2. Les sorties de terrain du Premier ministre 92
     2.3. Le dialogue interne au département ministériel 93
   IV. La veille sur les droits humains et les libertés publiques 94
   V. L'amélioration de la gouvernance administrative................. 94
   VI. L'offre de justice comme solution 100
     1. Vision d'une justice nouvelle 101
     2. Diligence dans le traitement des dossiers en attente 101
   VII. Les mesures indemnitaires et les prêts
         à faible taux d'intérêt... 103
     1. Les mesures urgentes... 103
     2. Les indemnisations au terme de la crise............................. 104
   VIII. Le recours légitime à la force 106

Chapitre IV
Les défis et perspectives 115
   I. Les réformes politiques et institutionnelles 116
   II. La nécessaire amélioration de la gouvernance 119
   III. La question spécifique de la justice, de la lutte
       contre l'impunité et de la lutte contre la corruption 119
   IV. Le défi de l'ordre, de la sécurité et de la paix sociale 120
   V. Les défis de la croissance, de la production
       et de l'approvisionnement du marché................................ 120
   VI. Les défis des filets sociaux 121
   VII. Les défis du secteur de l'éducation et de la formation..... 121
   VIII. Le défi de la modernisation de l'administration............. 122

Conclusion 123

L'Harmattan, Italia
Via Degli Artisti 15 ; 10124 Torino

L'Harmattan Hongrie
Könyvesbolt ; Kossuth L. u. 14-16
1053 Budapest

L'Harmattan Burkina Faso
Rue 15.167 Route du Pô Patte d'oie
12 BP 226 Ouagadougou 12
(00226) 76 59 79 86

Espace L'Harmattan Kinshasa
Faculté des Sciences Sociales, Politiques et Administratives
BP243, KIN XI ; Université de Kinshasa

L'Harmattan Guinée
Almamya Rue KA 028 en face du restaurant le cèdre
OKB agency BP 3470 Conakry
(00224) 60 20 85 08
harmattanguinee@yahoo.fr

L'Harmattan Côte d'Ivoire
M. Etien N'dah Ahmon
Résidence Karl / cité des arts, Abidjan-Cocody 03
BP 1588 Abidjan 03
(00225) 05 77 87 31

L'Harmattan Mauritanie
Espace El Kettab du livre francophone
N° 472 avenue Palais des Congrès, BP 316 Nouakchott
(00222) 63 25 980

L'Harmattan Cameroun
Immeuble Olympia face à la Camair
BP 11486 Yaoundé
(237) 458.67.00/976.61.66
harmattancam@yahoo.fr

L'Harmattan Sénégal
« Villa Rose », rue de Diourbel X G, Point E
BP 45034 Dakar FANN
(00221) 33 825 98 58 / 77 242 25 08
senharmattan@gmail.com

L'Harmattan Mali
Rue de Leipzig, face au Palais de la culture,
Porte 203, Badalabougou, Bamako
00 223 20 22 57 24 / 00 223 76 37 80 82
pp.harmattan@gmail.com

Achevé d'imprimer par Corlet Numérique - 14110 Condé-sur-Noireau
N° d'Imprimeur : 87092 - Dépôt légal : août 2012 - *Imprimé en France*